近代中國的出路

黃仁宇 著

目　次

一、中國近代史的出路

我們學歷史的人不當著重歷史應當如何的展開，最好先注重歷史何以如是的展開。

(一)傳統中國的財政與稅收

1992年11月9日講於東海大學

1985年我接到美國長春藤某大學副校長的一封來信，他要我幫助品評他們一位歷史系副教授應否給予固定的教職。對我講這算作一種榮譽工作，也算是對同事們應盡的義務。因為這位副教授專長是研究傳統中國的財政。而我在劍橋大學出版的一本專著《十六世紀明代的財政與稅收》也是同樣的疇範。最低限度她的立論和我所著書沒有牴觸。我準備贊成學校裡給她 tenure。是否外界會說因為她支持我的意見，因此我也在捧她以作報效？而且這大學的來信，還包括一紙名單，有當今美國研究中國社會經濟史的十八個學者，要我批評他們副教授在學術界的成就，在他們之上，還是在他們之下？我沒有看過所有人的著作，倒是對其中三五人，至少有相當的瞭解。可是各人所學的背景立場不同，其論點當然也有差異，如何可以品評高下？又如何我說的即能算數？

經過一段思考之後，我覆信給這所大學，說明我贊成給她固定的職位，承認她學術上的成就和今後前途上的展望。她所著書引用資料之豐富，已經是有目共睹。至於她的專長和我自己的相同，不禁使我躊躇。趁此機會我就指出大凡我們研究一個社會與政治體制，當中之因素與我們所處現局不同的話——明清社會也在這情形之內——我們勢必要瞭解這體制的高層機構、低層機構和上下之間法制性的連繫。研究財政稅收確實有如此的好處。如果你涉及全貌，必對所敘之國家社會提供一個剖面。上層即涉及戶部職掌、衙門部院、軍費之開銷，下層又必提到納稅人的土地佔有情形、付稅能力、鄉村組織。在抽稅與付稅的當頭，也必談到上層掌握到下層的情形，個人之權利與義務。所以在內容的詳盡和組織的嚴密上講，被評議人的識見應當不在我所知道的數人之下。而她立論的可靠性，更因上述三重因素的連鎖關係證實。這樣子把我作評議人的責任卸下。

我所沒有明講的則是西方這幾十年的風尚，重分析而不重綜合，研究中國歷史時只從小處著眼，往往忽略大局。我所知道的有一位在長春藤大學的專家，因爲原始資料裡提及「膏腴萬頃」，他就根據一頃爲一百畝，在字面上認定某某等人在明末領有出產豐富的田地各一百萬畝。殊不知萬曆年間全國登記的土地不過七億多畝，如果上述土地佔有的情形確實的話，則只要七百個這樣的大地主，就把全國的耕地整個霸佔。並且當日全國一千一百多個縣，很少有一縣的田地在百萬畝以上。一般中等的縣田地不過五十萬畝。更小的縣和更偏僻的縣，只不過二、三十萬畝。如果一個家室的產業，超過兩個縣或三個縣，使全境所有的種田人都屬他的佃戶，則知縣的遣派、巡按官的來往、抽稅與組織地方自衛武力等等工作勢必遇到絕大的阻障，科舉考試能否執行都成疑問，而決不可能此時官方文件全未提及，而地方的方志也缺乏類似之記載，況且在那種情形之下，地方之鄉紳是否能出面編修府志縣志，尙成問題。

我提出這段小故事，其目的不在攻擊某個人，而是指出中國史學之危機。把「膏腴萬頃」這樣不負責任信口開河的文句，當作眞有其事，確實可以算作肥沃的土地一百萬畝，不始自美國長春藤大學，而始自大陸方面1940年代及1950年代的歷史學家，他們的目的，旨在表彰中國有一個長遠的「奴隸社會」與「封建時代」，以作階級鬥爭的張本。以這樣意識型態爲主體所寫之歷史，和相反方面而以類似情調所寫的歷史，不提及中國歷史的積極性格。下至民國，讀來只有袁世凱錯、孫中山錯、蔣介石錯、毛澤東也錯，於今鄧小平更錯——全部是壞人做蠢事的紀錄。怪不得很多年輕人讀來義憤塡膺，動輒戴上東洋式的頭巾，去遊行示威了。

我們想修訂歷史，要讓意識型態跟著歷史走，不要使歷史被意識型態壟斷，保持最低限度的客觀性。說來容易，但是如何可以擔保我自己不帶偏見，不被我個人的意識型態所矇蔽？首先我們必定有這樣的一段共識，中國在二十世紀，曾被迫經過一段從頭到尾的改造。即是大陸來的人口，在1940年代進入臺灣兩百萬，也是歷史之前所未有。各位年輕的可能沒有這種經驗，可是你們長一輩的大概可以告訴你們，在這大變動的過程中，我們的衣食住行無不經過一段改變。再追溯上去，到本世紀的前端，到我的父輩那一代，則不僅衣食住行，而且婚姻、家庭關係、權利義務、社會習慣都有了重要的改變。這種改變和它帶來的動亂，因爲時間之長，牽涉人口之衆，是人類歷史裡最大規模的一次改變。

要分析研究這大改變的過程，因此才啓發我們，使我們領悟到將來之去向，我們先要瞭解舊社會的沿革，及它不能適用於新時代的原因。這當然有很多不同的方法。我個人的經驗則是由明朝的財政稅收著手。此是一種最簡捷而穩當的辦法。在我演講的時候，我常用一個立字形容。這立字的一點一橫，代表高層機構，下面的一長橫，代表低層機構，當中兩點代表上下間法律制度之聯繫。剛才已經說過：提到明代財政稅收，務必觸及朝廷與中央政府，又下及於鄉鎮里甲，當中也涉及法律章程，所以構成一套完整的剖面。又因爲籌餉收稅，表示政府與社會實際運轉的情形，不僅是一種抽象的觀念。因爲它牽涉出來一種體系，各種因素上下相關，互相映證。再有選擇性的和其他學者研究心得比較，其綜合的結果，就不會和事實脫節了。

我鑽進明朝財政稅收這個專題裡面去，並非事前計畫。只因爲我在密西根大學擬做博士論文時，發現明朝的漕運，亦即是政府由大運河自南至北所運的食糧物資的情形，資料到處俯首即是，也有幾套統計的數字，預想經過一番整理，一定符合美國大學校的一般要求，況且經濟史又是挺時髦的部門。

殊不知進去容易，出來麻煩。第一，漕運不是一個獨立的行政部門，漕運總督就兼淮安、鳳陽各地方的巡撫，所以他也是地方官。運去的糧食稱爲「漕糧」，也是江南各地方的稅收，當日田賦徵實，老百姓以去糠之米交納。在運河裡運糧的船夫，不是一般的老百姓，而是各衛抽來的「運軍」，所以又與兵部相關連。第二，這漕運的區處，牽涉到很多專門名辭，不見於字典或辭典，只能在當日文件上翻來覆去，逐漸領悟到其大意。第三，我後來寫成的論文不能稱爲經濟史，反倒可以稱爲財政史，因爲明朝的財政和清朝的財政，實行起來不符合現代社會的經濟原則。舉一個例：大運河裡面的糧船，共有一萬一千多艘，每船有運軍十人，所以一共有十二萬名官兵參與運糧的工作。他們要經過無數的水閘，一到北方又常遇到河水冰凍，有時來去一趟要十個月的時間。漕糧每年四百萬石，我們也弄不清楚運費多少，有人曾估計要花十八石的腳費運米一石。其目的不是現下所謂經濟，而是政府保持自己的自給自足，故意將北京的物價降低，而使政府官員及家屬配得食米。並且所謂統計之中，也有很多前哈佛教授楊聯陞先生所說的「假數字」（pseudo-numbers）。我當初想製圖表，把這些數字以曲線鈎畫出來，後來看來不只是行不通，也無從作科學化的結論。

我希望各位不要問及我的論文，雖說被學校通過，不是我自己可以感到非常愉快的作品。倒是在作論文期間，逐漸看到明朝財政與稅收的多方面，深想再花點功夫，作進一步的研究。料不到再涉足進去，就是七年！當時中央研究院翻印《明實錄》，我也買了一套，教書之外，每兩星期看一冊並摘寫筆記，一共一百三十三冊，也花了兩年半的時間讀完。《十六世紀明代的財政與稅收》稿成之後，又與支持此書的哈佛大學發生爭執。我已在《地北天南敘古今》裡有一篇文字敘述，現在不再重敘。幸虧費正清先生不以爲忤。他之遺著《中國新歷史》（*China*： *A New History*）裡仍舊稱《財政與稅收》很結實 solid，是基本的研究 a basic study。

這書在1974年年底出版，按照大學出版社對付學術著作的一般辦法，只印一千二百冊，賣完即不再版。臺灣已經出現一種翻印版。大陸方面有兩所大學和臺灣一所大學的同事曾商量出中譯，可是迄今未有音信，我猜想都沒有按計畫完成。

1974年到今天已近二十年，現在我自己檢討起來，我尚沒有發覺書中有何主要的錯誤，需要更正的地方。沒有料到的，則是海峽兩岸及世界局勢變化之大。早知如此，我一定會更把書中的資料，切實與今日之局面聯貫起來，把前因後果的關係說得更清楚、更剴切。譬如說《十六世紀明代的財政與稅收》最後一段提及中國近代的經濟問題，主要的不能從農業體系裡生產剩餘，去投資其他方面，出於財政稅收體制的影響。明朝的財政系統被清朝大體襲用，它之缺乏積極性格，並不是在歷史上不重要。這種說法就太輕鬆，沒有斬釘截鐵說明，明清社會由這財政系統所支配，缺乏局部改革之可能，一改就全部都要更改。所以我們祖孫數代，從衣食住行到權利義務，一變就整個要變，等於重寫大立字，已是由來有素，最低限度有五百年的沿革了。

我感謝東海大學的邀請，既然遠道來此機會難得，也不願意只在講堂上念自己的書，倒想藉這機會，把自己當日暗中摸索摘要，與今日局勢有關之處發揮。這樣比較更有實用的價值。在這裡我也附帶說及，我自己得益於這段知識與現狀情勢有密切關係的好處。《財政與稅收》一書的準備經過七年，以後我寫《萬曆十五年》則只花了一年。因爲以前之摸索，即已奠定了以後研究之基礎。《萬曆十五年》之能僥倖在海外與國內，在台灣與大陸都暢銷，主要的乃是它的內容與題材仍和我們今日遇到的問題有密切的關係，有如官僚主義的作風，既危害於明朝，也仍作祟於二十世紀的中國，前後有歷史的因緣。

以下是我做研究工作的扼要報告，也把書中沒有講解得透澈的地方更加增強補充：

第一點，中國的傳統社會有它自己的特色，斷不能稱之爲封建體制，更不能與歐洲的 feudal system 相比。封建或 feudalism 必著重地方分權。所以「裂土封茅」，土地可以分裂爲公國與侯國，受封則爵位世襲，永遠遺傳，茅是社壇上的旗幟，保有獨立自主的氣慨。這種種情形都不可能爲明清社會所容許。

在封建體制之下，領主向農民的徵集，賦稅與地租不可區分。即在日本德川幕府時代，不稱土地稅，而稱「年貢」，或是「本途物成」，亦即是主要耕作物的收成。有時「四公六民」，有時「五公五民」亦即是領主與種田人對分，顯然的與明清的田賦有很大的區別。

明清的體制是中央集權，皇帝直接向全民抽稅，省級州縣級的地方官吏全由中樞委派，他們本身都沒有立法的能力。

這種體制最怕中層的力量凝固。不僅地方上的貴族建立不付稅的莊園不能容許，即是大地主擁有土地至一萬畝以上，再不分家析產，也認爲可能威脅到朝廷的安全，官僚們必千方百計的將它們拆散。這當中常引起一段誤解，明朝的紀錄裡經常提及貴族的莊田、在十六世紀最著名的乃是萬曆皇帝，由他寵愛的鄭貴妃所生的福王常洵，據說他曾接受到田地四萬頃，有說二萬頃。亦即是四百萬畝至二百萬畝。其實經過調查，這些地主並不集中的存在，也不在親王各自掌握之中。有如黃河改道，沖沒的土地幾十年無人耕種，後來開墾之後有了一點收成。長江裡的沙洲，當初無主，後來也開發為田，各地方官也在該處抽了一筆小數目的稅，當初也沒有報告皇帝。後來經萬曆皇帝發覺，他就責成把這些土地的面積歸併計算，稱為福王的莊田。事實上這些土地無法實際歸併，畝數既不對頭，也始終沒有由福王王府接管。所謂莊田不過皇帝要求各省，每年由這名目之下繳納白銀四萬六千兩，各地巡撫也向皇帝討價還價。及至朝代覆亡，這問題始終沒有解決。

在十六世紀土地領有最集中的南直隸，即今日的上海南京地區，有田地一萬畝以上的未超過十餘戶。普通所謂大地主所領有的不過五百畝至兩千畝。全部領有每戶五百畝以上的戶口不可能超過全境戶口百分之二十五。每一縣之內可能有一千戶的土地在一、二百畝之間，他們可以稱之為中等地主。其他小自耕農多得難以計算。蘇州府有付稅之戶597,019，常州府有234,355戶。所以極大多數的小自耕農，每戶只領有三、兩畝。

這種情形和民國初年的情形還相當吻合。從經濟的立場上講中國的問題，不是土地過於集中，而是分割過細。現今英國、美國私人的農場以二百五十英畝為一般常態，每英畝當六華畝，所以一般都在一千五百畝以上。

第二點，中國土地稅徵收率過低並不是過高。因為稅率

低，政府的行政效率亦低。

各位看到原始資料內，有說不盡稅重民貧的說法，我可以概括的說，所敘沒有包括全部實情。本來稅收之輕重，視人民之收入和政府企圖行使職權的範圍而定，沒有經常不變的標準。可是以全國農作物的收成與政府的收入對比，中國明清政府所收之稅至輕。即將所有附加加入一併計算，除了極少數例外的情形，有如蘇州府和松江府（當地官田的田租混入田賦一併計算），其他各地均在各地收成百分之十以下。有的不及百分之五。南直隸有一個溧陽縣其稅率不及收成百分之一。

一般記載說是稅重，乃是當時沒有最低限度免稅的辦法，亦無法行累進稅制，三、兩畝的小戶人家，本來就衣食不周，也要和大戶人家有五百畝以上同等稅率付稅。在當時抱怨稅重的大部分代表地方官，他們深怕稅收不能如額徵完，他們自己卸不了責任。還有技術上的困難，公文上的統計不能和實地對帳，有些富戶人家割去一小塊土地出賣，標價低廉，但是把他全部應付之稅的一大部分割讓過去，以致以後的買主得田有限，被割讓過來的負擔爲患無窮。此辦法也可翻轉過來，富戶可以出高價收買賣方的土地，但是只承應接受應付稅的一小部分，讓賣主留下小塊土地去擔付不成比例的租稅。

今日西方各國的辦法，地產付稅過期，應加罰款，如再拖延，由法庭強制接收標賣，這些辦法在傳統農村社會裡也無從施行。中國衙門裡的辦法，是抓著欠稅的老百姓打屁股。再拖欠到一個時期只能呈請豁免。這種風氣一開，即有力付稅的人也徘徊觀望，拖著不付稅，以便在豁免時沾恩。明代的資料裡還提及「倩人代杖」的辦法，亦即是一堆賴稅的人出少數的錢僱得乞丐，要他或他們冒充欠稅人，也私通衙門裡的差役，讓這些人在衙門前跪打，打後所欠的錢糧仍舊拖欠，以致最後政府只好豁免。有了這種種原因，中國的土地稅率無法提高。總之這都是在科學技術尚未充分發達，交通通信種種條件不夠，立即實行中央集權，由皇帝直接向全民抽稅，並且抽稅及於三畝、五畝小戶人家的後果。

明朝的土地稅共徵米麥二千七百萬石，因爲有的折銀，有的徵實，徵實的又加轉運費，折銀的也高低不等，高的至每石折銀近於二兩，低的只0.25兩，所以缺乏確切的統計。我們大略估計再加入力役折銀部分，可能值銀二千五百萬兩，這總數與清朝在太平天國發難之前全部土地稅值銀三千萬兩，和清朝末年，本世紀初年，全國土地稅值銀三千三百萬兩的數目大致符合。

各位要注意這是一個很小的數目。同時從地方的方志看來，各府州縣的稅額極少能夠如數收齊，大概一年能徵收到百分之八十，已經算是了不得了。1619年遼東戰役前後，明朝對付清太祖努爾哈赤，曾在各省遍增遼餉，以後又增剿餉、練餉，每次不過每畝加銀三分五厘，但是到1632年全國有四分之一的縣，應繳不及數額之一半，尚有其他一百三十四縣分文未繳，不僅增餉無著落，以前經常的田賦也無下文了。這不是中國之財富無力承擔，而是財政稅收水平的分配，缺乏重點，抽稅及於最低貧的下戶。政府的能力只能與最低的因素看齊，好像一根鍊條一樣，最脆弱的環節首先破裂。

十六世紀後期中國人口，據估計已近於一億五千萬口。政府每年的收入，除了上述之二千五百萬之外，尚有食鹽公賣，每年餘利二百萬兩，其他各種商稅，開礦的利潤、罰款、捐輸納鹽的收入種種名目加起來，也不過三百餘萬兩，無逾於四百萬兩，所以整個加起來略近於三千萬兩，亦即計口數每口不過銀兩錢，亦即0.2兩。

在同時期歐洲威尼斯人口十萬人左右，只和中國一縣的人數相似，政府每年的收入已突破三百萬金托卡（ducats），等於三十六萬盎司的純金，亦即每口3.6盎司的純金。

0.2兩白銀與3.6盎司的純金，兩相比較，發生很大的差距，約略二百倍至三百倍間。固然威尼斯的收入不盡自賦稅，政府也經商。各位也可以說：中國是一個窮國家，威尼斯是一個富國家。其實不然，中國是一個富國家，最初開始威尼斯是一個窮國家。一部敘述威城的歷史，曾提到她在公元500年前後創設的經過。

> 他們〔威尼斯之草創者〕都是難民，為數四萬餘，在五世紀被蠻族逐出他們的故鄉，在這海沼之中避難。此處土地經常移動，處於鹹水的沼澤之中，難民發現無土可耕，無石可採，無鐵可鑄，無木材可作房舍，甚至無清水可飲。

這樣威尼斯才銳意經商，她的財富是商業上的財富，不是農業上的財富，威尼斯不產金，她鑄金托卡好幾個世紀，所用金都從德國輸入。威尼斯可算一個特殊的國家，她可算資本主義的最先進。可是中國也是一個特殊的國家。她首先就把農業上的財富發展到世界各國之前，以後幾百年卻沒有進步。

我們也可以拿她與兩者之間的英國比。英國在光榮革命之後，在1692年第一次統籌抽土地稅二百萬鎊。當日她的人口不過六百萬口，即以每鎊值純銀三盎司計，也是每口平均擔付一盎司，這時候中國已入清朝的康熙年間，英國以每口計算（per capita）她的土地稅之能力，已爲中國之八倍。而且今後這力量還成直線式的上升，終至她的稅收總額也超過人口百餘倍的中國。

第三點，明清財政體系與中國經濟之不能展開有很大的關係。

表面看來，我這種說法甚爲費解。政府抽稅輕，民間就應當多有剩餘，多剩餘即多資本，多資本即經濟發達。這種想法也是財政稅收系統的設計人朱元璋的想法。在十四世紀他就標榜政府不要「聚歛」，不要「與民爭利」，而要「藏富於民」。甚至毛澤東也受這傳統思想的影響。他在1939年說及：「中國封建社會內商品經濟的發展已經孕育著資本主義的萌芽，如果沒有外國資本主義的影響，中國也會緩慢的發展到資本主義社會。」這種想法也認爲經濟之發展達到高峰稱爲資本主義者，可以由民間策動，自然而然的形成，不待政府之參與。

其實一個國家經濟之發展，國家與政府消極的不加阻攔不算，還要積極的參與贊助，因爲商業上的財富，著重流通，經常的賒欠放債。一方面借，另一方面就投資，在這進出之間合同一定要有保障，所以民法一定要規劃得詳盡，個人的權利義務一定也要大家都有共識，簡單明瞭。這些都屬於法律。政府不僅要有立法權，而且要有執行的能力。從政的人員必需經過特殊的訓練，首先即要在社會上和教育上養成這種習慣的風氣，影響到宗教。這也是一個大整體的組織與運動，與我前面所說的立字相似。

雖然我不能說中國過去五百年缺乏進步，應由明太祖朱元璋以來，一脈相傳之財政稅收體制負責（因為還有其他的因素，以下交代），這體制卻已充分表現中國傳統政府不能也無意創造新法律，造成經濟上的突破。

明清社會裡最與基層接近，而最有實際功效之機構為縣級衙門。所有之土地稅，一部商稅、礦銀、行政收入如贓罰、僧道度牒（出家人之執照費）、開納事例（民間捐官、派為監生等）均由知縣收集，所以除了鹽稅、番舶抽分、竹木抽分之外所有稅收，多於全國百分之八十五，都由縣級徵完。

明清政府採取「結構一體」（monolithic）的方式，知縣既為地方官，也是中央派來的專員，除了很少的地方有極少的例外，一般縣境之內就沒有代表上級的分局和分處。知縣雖為文官，守土有責，在有事故時應當與縣城共存亡。他既為行政官，也是司法官。重要的訴訟尤其是刑事，他必須親自聽審。

一般情形之下他有一個縣丞，也就是副縣長，一個主簿，我們也可視之為秘書長，還有一個典史主牢獄，一個縣儒學教諭和現代的黨代表與政治指導員接近。只有這些人在文官系統裡有地位。其餘的官，大縣可能有半打左右，小縣減半，稱為「未入流」，有同軍中的准尉，不能與一般官僚同樣的提調陞遷。再下層則是吏，亦即是書算手，雖為地方性職業性的低級幹部，待遇菲薄，有些尚且無薪，只靠非正常的收入生活。大縣可能多至二、三十人，小縣可能十餘人。只有這批人手，又缺乏銀行與匯兌處，如何能夠處理幾萬納稅的稅戶，一般的縣份都爲數幾萬，大的縣多至十萬以上。況且當日的風氣又重儀禮、重文字，各官員在繁文縟節之餘，已經忙得不可開交，如何能注意到鄉村裡的納稅人？

其答案則是使用威權，上海縣在1584年即將全縣劃爲五十六個區，一區就指派一個「總催」，下轄十餘個村莊。這總催每隔十日必須到縣衙門報到一次，將他經管的錢糧和書算手對數。如果有不如額的地方這總催就要挨打，打罷他的責任沒有卸下，他還是要催。我們也可以想像這些人只要可能時，在鄉村裡作威作福的態度了，上海的土地稅，一部分屬於漕糧，而且屬於「白糧」，亦即賚送到北京供宮廷裡食用、或國家祭祀之用。於是在這些派糧的區裡，又各派一個「收兌」。他的任務要責成糧戶，將白米運送到指定的河濱，和運軍交納完畢才能算數。白糧一到船上，就成了運軍的責任。我們從很多文件上看到，糧船遇到風暴漂沒，運軍有負責賠償的記載。有時追究責任及於總旗，小旗，亦即下至連長、排長，有些文件還提及運糧的軍官負不起責任賣男鬻女，甚至削髮爲僧。

這種體制威權總是由上至下，所有各階層都要規避責任，所以最怕變態。因爲一改則全部都要改。我們也看到有些文件上提到土地變形，以前記載在文書上的土地被水沖去，可是應繳納的錢糧無從註銷，即是以前應納糧的人不在，鄰居鄉里也要集體負責。

1580年張居正以萬曆皇帝的教師的地位秉政，用年輕的皇帝的名義實施全國丈量，把所有的土地重新清算一次，準備與民更始。可是張自己在1582年死去，於是文官集團裡發生一次「翻案」的運動，以前稱張居正為能臣的人都被排斥，以前和他作對的都算好人。凡是丈量清出土地的人都被稱「掊剋」，亦即是以少報多欺負老百姓邀功。群情如是，萬曆皇帝也只好發下詔書，將這次費了九牛二虎之力所主持丈量的成果推翻。以後到清朝康熙皇帝想實施全國丈量也沒有成功。明朝土地之底帳一直用到民國時代，有中外書刊證明。這樣也可以窺見中國改制的困難了。

第四點，我們將這體制與外界比較的話，不要只抓著一人一時一事指摘，而注意其整個系統之全貌。

上面已經講過，一個社會眞正的轉捩點在法律。（這法律也要在社會上行得通才能算數，民國初年政府頒佈的法律與社會脫節仍是具文）。根據西方改革的經驗，最產生效用的首先是遺傳法與破產法。我如果投資與人經商，我要知道合夥人去世之後他的資產如何處理。如果我先去世，我也要知道我的錢財如何留給後人。並且投資即有風險，我也急於知道自己冒險之程度，和對方遇到損失時準備認帳的程度。在農業社會裡人與人之關係為單元，只有短線的來往，以上各節也視私人關係和私人節操而定。在新型的商業社會，人與人之關係成為多元。我買了王安公司的股票，不能因王安先生去世，這股票就作廢，就算公司虧本，股東也仍有權利義務之保障，因之凡事都有一個客觀的標準。

再進一步，一個人開的公司大了，務必委派旁人管理，因之所有權與經理權分離。如果經理監守自盜，以前在農業社會裡係屬私事，在商業社會裡關係很多人的利害，也要秉公處理。更擴而充之如果做廣告宣傳以矇蔽欺騙，醫藥診斷之不當貽害病人，這些做廣告的人、開藥方的人、經營藥坊的人如何負責，都要由司法機關判斷。我這裡所講的情形都屬於信用。而信用之展開，必須有法律在後保障支持。總之社會愈進化，社會上分工合作的程度增高，需用法律之處亦愈多，政府之干預亦愈繁。

一個似非而是（paradoxical）的現象：一個現代化的政府抽稅多，組織龐大，對人民的生活干預深，而人民不以爲苦（最近這情形也有改變，可是與我刻下所講的題材限於農業社會與商業社會間之比較的不同）。明清帝國之政權表面看來，抽稅輕，政府人員少（雖說編制之外有半官方身分的人很多）。業務簡單而人民反蹙額的怕衙門。

主要的原因，乃是現代西方的政府帶服務性質，不僅以上各節有關法律可以算作一種服務，而且交通通信保險各種事業要不是政府在後實際主持，則在監督輔助。這在明清政權，也都談不到。它的職責純在管教。

在運河裡運糧的情形已如上述，責任所在及於運軍的連長、排長，當然政府在後勤業務缺乏組織。各位也知道明朝有所謂「糧長制度」。這也就是政府不注重後勤，而將責任托諉到納稅人。凡是各地方土地稅內有糧一萬石的區域，由政府指派糧長一人，以當地殷實大戶充之。他有組織運糧隊，在地方上抽派運夫，徵集損耗的附加，選定路程，督運食糧赴遠處倉庾交納的任務。凡屬於路途上的治安醫藥衛生損耗的防範，都是他的責任。不到糧額於指定的地點照數完繳，他的責任無可交卸，遇有損耗也由他出資賠補。即是十六世紀之後納稅用銀，此種組織之體系並未變更。一縣要交納銀物到一二十個被供應的機關，每一機關又接受十來個州縣的供應，是爲常態。因之全國蓋滿了許多此來彼往短距離的補給路線。凡銀行業務，匯兌業務都無從展開，這種辦法繼續到淸朝。自洪武至宣統凡五百四十三年，明淸兩朝始終未設立一個中央銀庫。不僅鴉片戰爭時揚威將軍奕經的戰費，以這樣的姿態由各處零星抽來，即甲午中日戰爭前李鴻章的北洋艦隊也賴各省津貼。明淸帝國之中層缺乏帶整體性的出納機構與後勤能力，是其特色。

從我們今日之眼光看來，明朝有很多資源在其掌握。若合理的利用，盡能解決其財政問題，有如初期之紙幣及以後之鹽稅。但明代君臣只重威權，不顧商業信用，使其有利之因素無從發揮功效。

大明寶鈔在永樂年間（1403－24）即已貶值到無可挽回的程度。加以明朝又疏於鑄銅錢，據估計全朝代所鑄不能超過八百萬貫，北宋可以在兩年之內鑄出明朝276年所鑄數。朝代後期被迫使用碎銀，這是對人民及本身極不利的辦法，各位試設想若是今日大家要用金了買汽油和麵包，市場是何局面？以後明朝與滿淸作戰，也吃了貨幣的大虧。十六世紀末年和十七世紀初年，中國每年由南方自賦稅內運北方銀四百餘萬兩至五百萬兩，散及軍民手中之後，北方即用此銀兩購買南方之出產，主要的是棉花，布匹，綢緞與磁器，大概幾個月內，已使貨幣回籠。和滿淸作戰，每年要用銀二千萬兩，缺乏這種平衡的辦法，將貨幣大量輸至平日不用銀的地方，只有使通貨膨脹物價高昂。

現在再說鹽稅，對明朝講這是食鹽專賣的利潤。整個法制訂在朝代初期，仿照宋朝的辦法，叫做「開中」。凡是出鹽的地方整個區域劃爲鹽場，用河流和運河與一般民衆隔離。河東區域有一座鹽湖，橫寬大概不逾五里，倒有五十里的縱長，裡面的水含鹽的成分達到飽和點，一到適當的季節，鹽花可以用網撈出，於是政府圍著這鹽湖築造一所磚牆，長達百餘里，高十三尺，以後增高到二十一尺。沿湖都有兵士把守。

在其他產鹽的區域，在鹽場的戶口稱爲「灶戶」，他們無一般當兵納稅的義務，但是每一個「丁」要向政府繳納定量之鹽。一般爲每年三千二百斤，由政府酬報米六石。這鹽不賣與一般市面，而由政府招致商人，由商人先向邊區交通不便的地方，對邊防軍供給糧草，邊防軍給予收據叫做「倉鈔」。商人憑倉鈔至出鹽之處領鹽。行鹽的執照叫做「引」，這執照的印刷完全操在南京戶部。商人支鹽並不是隨到隨領，而是要等候到一定的數目成批的領。政府發引的時候又註明每引的行銷地區。所以不至於商人先來後到之間產生鹽價高低，也不至於交通方面之處有鹽其他地方缺鹽。整個的設計依照一個 master plan。

可是這樣一來食鹽之行銷受著中央管制的羈絆。邊防庫、戶部、管制鹽場的行政官都各有固定的預算。商人在忙碌奔波在三者之間，至少也要兩三年才完成一筆生意，有時到八年、九年、十年。更因以後政府又在程序上加入細節，使有些商人候鹽候至三十年之久。政府還不自責或賠償損失，倘且發出通告，以後候鹽只有原納糧人之子孫才算合法，沒有再嫁之寡妻也可以算數，至於妾、或者叔伯侄子等近親一律不許。

變更程序的辦法首先就訂出「存積鹽」與「常股鹽」的區別。其邏輯則是國家有非常的景況不能預料，食鹽的收入為國家的根本，「讓我們抽出一部分作為儲備吧！」可是剛一立法，存積鹽也拿出來賣，因為所謂存積無拖欠，所以受歡迎，一時暢銷。可是常股鹽只有原額百分之八十，以前納糧候鹽的鹽商候得更久了。1449年明軍在土木堡和蒙古人作戰失敗，皇帝被俘虜，軍隊需要補給的情形愈嚴重，於是將存積與常股的比例從百分之二十至百分之八十，提升到百分之六十至百分之四十。此亦即是政府賴債，違背合同，不付利息。日子一久，存積鹽的拖欠也和常股鹽一般無二。

鹽價高則私鹽盛行。原來的灶戶要不是逃亡，就是少報人口，片面的製鹽私販。總之就是政府失去控制，收入短缺，無儲存之鹽對付應支鹽的商人。補救的辦法乃是所謂「工本鹽」。理論上各鹽丁額外加工，在繳納政府的數量外另外煎製之數，要商人除了繳納邊防軍糧草之外，再多出工本向灶丁購買，其實各灶丁所繳已遠低於初年3200斤之數。這樣的安排，無非是將他們所製私鹽公賣，政府也仍從中取利。到了這種程度，政府本來可以乾脆的承認自己無力專利於製造，以後只在食鹽上抽貨物稅（excise）。可是這樣違反了整個官僚機構的行政邏輯，同時食鹽專賣既牽涉上邊防軍與戶部，也影響他們的帳目與預算，所以寧可拖欠，沒有人能負下改制的責任。

我們這裡提到的商品只有一種——即是食鹽。可是因為經理管制的原因，起先分為三、四種，後來分為八、九、十種。再舉一例，十六世紀後期，有些地方得不到鹽，於是要加速食鹽的運銷，以前食鹽堆積於各產鹽區的批驗所，要成批放行的辦法仍是不改。可是另外抽出一批鹽，只在船上抽驗放行，稱「河鹽」，以與囤集在碼頭上的「堆鹽」區別。用不著說，河鹽有利，給堆鹽很大的競爭。一種商品旣爲日需品，又分作兩類以上，必有優劣之分。其競爭的結果，並不是優勢部分將價格降低，而是一齊將價格增高。凡是運輸糧草到邊區的成本，候鹽期間的利息，賄賂官僚的費用等等，都要加在零售的價格之上，即是私鹽，它也不可能將官鹽的價格降低，而是隨著一齊上升。到情況最不好的時候，食鹽成爲奢侈品，一般人民淡食。

本來食鹽專利是工業革命之前的利藪，也爲其他國家如法國採用。只是因爲明朝全部以官僚主義的精神把持，害多利少。有時弄得產鹽之處食鹽堆積，原來已付費的商人籌不出額外需索的費用，各處待配鹽的地方又缺貨，資金凍結，食鹽損耗，只有最少數的投機商人和不肖官僚發了一批橫財，政府與正當商人一齊與老百姓受罪。此種情形終明季未止。

還有一個例子，更表示明代政府，其本身之目的在管教，而不在服務。

官僚管制大批民衆的辦法，乃是「集體責任」（group responsibility）。如果子弟犯法找到家長負責。村民不受約束，由里長甲長負責。納稅人欠稅，由「總催」負責。好在大家都在農村裡，一般情形之下無法遠走高飛。即是商人也可以責成他們互相保證。惟獨對於開礦的礦工，缺乏適當的辦法對付。他們一般從各處招募而來，即無從打聽個人底細。當日開礦又是投機生意，本來礦主的資本就不夠，一到開採不利，又無遣散員工各還本籍的辦法。礦工人數又多，失業之後缺乏救濟，一般落草爲匪。他們開礦之後學得打鐵，也有了製造簡單兵器的本領。十六世紀有好幾次的匪患，由開礦而發生。1559年嘉靖帝需要修建宮殿，讓全國人民開礦得銀民六官四，可是引起浙江江西間大規模的匪患。1566年「礦匪」攻下了南直隸的婺源縣。事平之後政府在1568年將三省交界處的礦區劃爲禁區。所有礦洞一律封閉。重要的道路上勒石，不許閒人進入，原來在礦區的民間也一律強迫遷出，因此受損失的田賦，則由附近各縣增加抵補。官方尚印行一種書籍，稱爲《三省礦防圖說》，裡面講到各條道路及應防備的地方。一部地理上的書籍不提倡開礦而反對開礦，看來也算獨樹一幟，只代表中國官僚主義之特色。

這樣看來，明朝政府的收入，得自工商業的方面極少，也不足爲奇了。我作《十六世紀明代的財政與稅收》時，估計土地稅並附加約爲銀二千五百萬兩，鹽稅約爲二百萬兩，其實鹽稅裡尚有一部得出「蕩價」。「蕩」原來是水浸低濕之地，當中產蘆草，可作煎鹽的燃料，後來被有些灶戶開墾爲田。政府也向他們徵一部分的稅，而不併在一般土地稅內計算，而抵補食鹽專賣的短缺。這兩項就已注入全國收入之絕大部分，近乎百分之九十了。其他所有的收入，共計三十種項目，總共所入即從寬估計，也不可能超過四百萬兩，只有三百七十八萬左右。而且當中最大的項目，尚是我們所謂行政收入。例如捐官（即「開納事例」），每年可到四十萬，而全國開礦的礦銀，即在最豐裕的一年，也不過十五萬。

所以我一看到時人寫歷史，談到明代嘉靖、萬曆年間，膏腴萬頃，土地集中，各王子也建莊園，是謂封建時代。後來松江華亭上海紡織業發達，又是資本主義的萌芽，就希望這些人能夠花一天半天的時間，稍爲瀏覽明朝的財政史。再說一遍：資本主義要金融經濟、商品經濟趨於成熟，信用廣泛的展開，支持現代經濟的技術因素如信用狀（letter of credit）、匯票（bill of exchange）、提貨單（bill of lading）、複式簿記都已通行，而且保障這些因素的法制都已在位，才夠談得上。明朝與淸朝，不僅貨幣還沒有組織得上頭緒，而且法律上還沒有徹底支持個人私人財產權利這一觀念，一般人也還認爲「集體責任」是好辦法，不僅銀行業和保險業還沒有開頭，連最基本的交通通信條件尙不具備。在這情形下如何能談得上資本主義，尤其我們以爲資本主義是一種組織和一種運動的話？

我們無意在這種主義與那種主義上咬文嚼字。可是以上的誤解矇蔽事實。明淸時代有少數的人在特殊環境裡成爲巨富。長江下游所產棉布稱爲「南京貨」（nankeens）尙在工業革命之前輸入歐美，保持夕陽前的質量優勢，但是這些條件不是具備中國現代化的條件。財富缺乏法制上的保障，又無品位相同的公司做生意，將批發與零售結構爲一體，勢難持久。在這背景上我們尙可看到剩餘的資本無法適當的投資，只能將金銀製成器皿，或者埋藏於地下，再不然即開當鋪，而也不是用於生產。十六世紀中國有當鋪二萬家，即十九世紀仍有七千家，即是信用不發達的證明。

於是經濟無力多元化，傳統農業生產方式也一直維持到本世紀，百分之八十的人口，也還是以此爲生。農地分割破碎，技術落後，農民借債只及於遠親近鄰，他們惟一出頭的辦法即是進學中舉，要不然就是增加戶內的人力，於是引起人口數目直線式的上升。總而言之，中國近世紀的種種困難，在明清之際都已存在。只因尙未開墾的土地仍在，這經濟體系仍能在數量上擴充，而且因科舉考試及其他原因而產生的社會流動性 social mobility，使這種體制仍能繼續。

第五點，雖然有了以上的指摘，我們不能以爲我們一生的不幸，應由這種財政體制負責。

中國人重褒貶，寫歷史時動輒把筆下之人講解成爲至善與極惡。這樣容易把寫歷史當作一種抒情的工具，於是最近幾十年尤其在大陸，產生一種罵歷史，罵祖先，甚至罵地理的讀物。我知道這種弱點很難避免，即我自己亦然。可是這樣情緒激動之後，把當初尋覓因果關係的初衷整個忘記。凡是一件事情的發生，必有它的前因後果。我們只能說歷史爲何如是之展開，無法堅持歷史應該如是展開才合情理。尤其今日我們提倡放寬歷史的視界，我們務必採取中國法家所說「天地不爲堯舜而存，也不因桀紂而亡」的客觀態度。歸結起來，我說明研究中國近代史從財政稅收可以打開出路，但是這是起點，不是終點。我不能因爲自己寫了一本財政稅收的書，因此也鼓勵大家都寫書講述明代的財政稅收，那樣就辜負了自己寫書的目的，也就辜負了東海大學要我來和各位討論的目的了。

(二)過渡期間的社會與經濟

1992年11月10日講於東海大學

中國近代史裡面有很多事蹟，我們以為已成定論，歷史書裡早已記載詳細，沒有要講的了。而其實不然。舉一個例，1930年的中原大戰，蔣先生與馮玉祥、閻錫山大戰於河南、山東及江蘇北部，雙方動員一百四十萬人，戰事從五月延至雙十節，戰事最激烈的時候馮玉祥部隊因為過去有俄國接濟，每日發礮彈二萬餘發，抗戰的時候我們沒有這樣的火力。戰事結束時，蔣對外國記者發表談話承認中央軍死三萬、傷六萬，對方傷亡十五萬，而且在隴海鐵道沿線之破壞不可勝計。這距中國全面對日抗戰只有七年。我們讀到這段歷史，不免掩卷嘆息，要是花在這種內戰裡的犧牲用以抵禦外侮，豈不是對國家對個人都比較上算？

這次發動戰事的原因，由於提議裁軍而起。民國17年也就是1928年北伐成功，東北易幟，南京政府提議裁兵，馮玉祥首先反對，閻錫山也通電蔣介石，他願意與蔣一同下野，也就是表示不聽蔣所主持的中央遣派。單從道德的立場著眼，我們可以跟著一般人對馮、閻責罵，或者甚至把蔣先生罵在一起，總之就是軍閥逞凶，意氣用事，勇於私鬥，怯於公戰，沒有甚麼好講的。

可是這次事情既已發生，則必有它的前因後果。三個、五個人沒有見識，自私自利，還可以說得通。但是動員的區域牽涉到十餘省，死傷人數超過二十萬，就不是那麼容易可以解釋的了。難道這一百四十萬人裡面所有的軍官都是利令智昏，或者他們全部被矇蔽？

首先我們必須承認當日農村人口過剩。驟看起來這說法不近情理。今日大陸的人口超過十億，1930年最多也不過五億。為甚麼今日農村還能維持這麼多的人口，六十多年之前就維持一半還感困難？其原因則是耕地零碎，土地沒有經濟的使用。同時農民放債收租及於遠親近鄰，收成不好的時候負債的農民被排擠，只好離開家鄉找出路，所以到處都有剩餘的游民，他們在城市間尋找工作不得，只有當兵，否則落草為匪。我小時候在湖南長沙就親眼看到各部隊的軍士，張揚著「招募新兵」的旗幟，臨街招兵，而立時就有人應募。北伐期間中國軍隊由一百四十萬膨脹到二百三十萬，只是增加容易，裁減困難。士兵和下級軍官既已在軍隊裡拚過一場兩場命，就指望在冒險之中打開出路。中原之戰可以說是由下層不願被裁，向上級所構成的壓力激成，一方面也可以說是一百多萬人互相競爭，顯示個人應當被留，而不當被裁的表現。我初在美國上大學時，聽到一位教授講中國人命不值錢（In China, life is cheap.），心中就覺得非常氣憤，想著誰賣命給他？後來聽到朋友說四川軍閥部隊在衝鋒前挑選敢死隊，確曾把銀幣成堆的擺著做犒賞，功成之後立即領錢。這已經是要人賣命了。不料後來讀到一段史料，提到蔣先生在廣東打陳烱明也曾採用同樣的辦法，惠州城之攻克，即曾採用此辦法。這不是我們講歷史的人毫無記掛，可以信口提出心安理得的。只是今日業已事過境遷，我們回憶到六七十年前的國步艱難，才能對眼前的問題另有看法。回頭再說1920年間及1930年間的內戰，旁的條件不說，要不是當日農民絕對的窮困，生活艱難，這樣大規模的廝殺，不可能由少數的人隨意指使，經常發生。

中國人至今還有百分之二十不識字，民國初年不識字的可能在百分之九十以上。各位記著我昨天講到明朝財政稅收的情形，也可以想像，識字除了讀書進學中舉做官，或在衙門裡當書算手之外，很少有用途。農民除了用人力打開出路之外，別無他法，孩子十歲左右就要幫著成人作莊稼之事，誰有閒情逸致送他們上學校讀書？我在軍官學校畢業之後，在1941年分發到部隊裡當排長，我手下三十六個士兵，就只有四、五個能識字。我在部隊裡第一天就犯了一樁大錯。我把口袋裡一本小冊子，亦即是這三十六個士兵的名冊，要我的上士班長照名冊點名，他一時面紅耳赤，我還沒有瞭解到問題之所在，直到他喃喃的說出：「不識字」，才知道我的工作環境。從那第一天起，那個上士班長就把我當作對頭，他以爲我有意在士兵面前羞辱他。

迄至在軍官學校裡我們的想法，總以爲軍隊裡有紀律，下級總是俯耳貼首聽上級命令。這只是一面的看法。另一面則觸及群衆心理與社會習慣，則上級無不遷就於下方。我當下級軍官最大的困難，即是彼我之間沒有共同的語言。這時候抗戰已近四年，士兵已經確實知道我們在「打仗」，眼前有一個強敵日本。可是此外個人的權利與義務、責任問題、如何分工合作、紀律之重要種種抽象的觀念，全部說不淸也講不通。那我們部隊裡靠甚麼維持？其答案乃是群衆心理、傳統意識型態、仗義氣、講面子、士爲知己者死、原始英雄崇拜。要是排長能壓制住班長，其他士兵就景服於排長，要是班長盛氣凌人，反而欺負排長，則軍隊裡的重心已不同於表面上的編制。各位再要回想：1930年的中央軍是一支新突起的軍隊，馮玉祥的西北軍、閻錫山的晉軍，和張學良手下的東北軍都已經有了十多年、二十年的背景，他們的組織系統上下之間都老早有了這種傳統力量維持。新國家與新社會尙是一種抽象的觀念，屬於未來。個人的人身關係，一同拚過命的戰友，對部下與遺孤的責任反而實際，不可抹殺。這些條件都屬於社會學（sociology）、或社會心理學（socio-psychology）的範圍，可是今昔的學者很少注意。中原之戰前馮玉祥向他的士兵訓話，就提到南方人在欺負北方人，可見得各人對於當日內戰的看法各有不同。

昨天我同各位講到明朝的財政與稅收，從這些背景上即可以看出，明朝與淸朝不是我們今日所公認的一個國家。實際上這是一個無數農村拼成的大集團，皇帝的力量不來自軍備，也不來自經濟，而是因著意識型態的支持，他是一切威權的來源。表面上他的威權無限，而實際他能掌握的縱深極淺。民國成立之後，新政府無從承繼到舊體制的威權，卻先已受到舊體制裡財政稅收的限度所拘束。各位要明瞭：稅收的沿革是這樣的，並不是十四世紀的賦稅抽得輕，二十世紀就可以加重。當初稅輕，農業的收入早已支持大量的人口，也使遠親近鄰層層剝削爲可能，這種情形經過好幾世紀，不能再由政府突然改變，說是過去稅輕是一種錯誤，現在我們要實行加稅。各位也記著：民國成立以來，國庫囊空如洗，新型的收入像關稅和鹽稅（鹽稅經過外人的解組，業已現代化）也都被外強把持，作爲戰敗賠款與借款的擔保，在財政沒有出路的情形，也是政局不能穩定的一大主因。

在很多國家田賦是收入之大宗，在英國和日本都在國家現代化的當頭，發生決定性的功效。但是在中國既然這樣的微薄，又分散而無法集中，只能維持省級單位的舊式衙門，有時省級尙只能讓縣級用作開銷，自己另覓財源，說到軍費更是可憐，很多地方只能靠賣鴉片煙，再不然則出自厘金。厘金創立於太平天國發難時，滿淸政府准許各地駐軍在防區內設關卡，對轉口稅値兩抽厘，亦即千分之一，取其稅率低。但是關卡林立，老百姓販布賣豬都要付稅，經過五個關卡就要付五次稅，它和鴉片稅捐一樣，只有附近駐軍作主，才有成效。其收入也是就地支用，不受中央管制。

綜合起來，這是一種可怕的現象：軍隊的向心力不在國法與紀律，而在忠義的成分，亦即是私人關係與私人道德。軍隊的維持又靠地方上鴉片的販賣與內陸的物品轉口稅，也伏下了「地盤」的觀念。這兩種成分加起來就是軍閥體制。所以當日的軍隊統治有內在的原因，預先埋伏了若干軍閥性格，（當然與帶兵將領的性格也有關係，但仍是這內在的力量強。）中原之戰也可視作政府企圖中央集權，與這地方部隊和省區部隊的軍閥性格衝突之表現。

1927年國民政府定都南京，首先就想整理財政，尋覓新稅源，也在上海新增了若干稅捐，曾遇到外人的抵抗。我這裡有當日英國人辦的《字林西報》的一幅漫畫，表示外人的反感。尤其國民政府收回鹽稅，曾遇到《字林西報》的抗議，因為鹽稅在北京時代已經用作外債的擔保。

可是中原之戰發生在1930年，隔1927年又已經三年，國民黨又已經在江浙地區產生了穩定的力量，外商的態度也漸漸改變，逐漸希望當日之蔣總司令完成中國之統一。中原之戰爆發之近因，乃是閻錫山在5月3日扣留了天津海關的收入。以前南京政府還在與北方通電，互相爭辯。海關收入被扣之後，蔣即在5月8日北上指揮軍事，和議到此絕望。還有一項局勢之展開，至今為寫中原之戰的歷史家所忽略。當戰事激劇的展開時，南京的財政部長宋子文曾於5月27日，在河南歸德的總司令部發表談話，強調軍費不易維持。他說到過去軍隊隨處作戰，遇地徵糧的方法已不適用，但是他的財政部籌款的辦法，也已山窮水盡了。這種情形，非常特別，很少有作戰期間自己的財政部長，自己暴露本方即將破產的弱點，而且這種呼籲又向外人提出。我的觀察他的目的在喚起西方國家的注意，即對南京政府不加援助，也應當不加阻撓。如果中國再又弄得四分五裂，各人都截留關稅，對外商也沒有好處。果然他的呼籲發生效力。兩天之後，亦即1930年5月29日《紐約時報》登載了一篇社論，支持宋子文的言論，在我看來這與當年年底南京政府宣佈廢除厘金，實行關稅自主，沒有遇到外人之阻撓有關。

中國的關稅一般稱為「值百抽五」，其實這是一個大概之原則，各種品目有高下。只是自從與西方各國訂立不平等條約以來，一直維持十九世紀的價格與稅率，海關的管制，也操在外人手中，其收入除去賠款與借款之本利外，只有剩餘一部分，稱爲「關餘」，才由英國人充當的總稅務司拿去交中國政府。中國過去曾屢次要求關稅自主，修改較合理之稅率，也和美國訂有合約，只是無法執行，直到中原之戰後於1931年1月1日成爲事實。對中國講這是一件大事。與革新之鹽稅擺在一起，南京政府才勉強有一點像現代國家之財政與稅收。所以中原之戰，正面看來只是同類相殘，損害了國家的元氣，在側面卻並未缺乏隱藏著的好處。

國民政府希望全國確實統一的計畫，因此一戰只片面的做到。閻錫山部於七月被擊敗，馮軍戰線至10月才整個崩潰，但是中央軍對二者都沒有追擊。這時候東北軍也已進入華北，蔣、張同盟，張學良就任國民政府陸海空軍副總司令，蔣委託他對馮、閻軍改編。馮玉祥從此無力再問鼎中原。閻錫山雖然失去平津地盤，也仍然能夠控制山西與綏遠，馮舊部如宋哲元、張自忠仍有掌握一省的力量。蔣先生能夠確實掌握的地區只在黃河之南和北緯35°接近。這和北宋統一中國，留著吳越錢家半獨立的姿態大致相似。好像是一種妥協的方式。

可是仔細看去，內在的更變，多於外界的妥協。有如過去西北軍受到蘇聯的資助，東北直接與日本辦外交，經過1930年後此類事再未發生（雖說閻西山戰敗後一度退居大連，與日人保持接觸），同時日本增強對中國之侵略，發動九一八事變，也是因爲中國之統一，與他們的大陸政策極不相容。

從國民政府的檔案看來，蔣介石於10月9日中央軍攻佔洛陽之日，即返南京，1931年1月7日財政部長宋子文北上與張學良洽商北方財政問題。他去後十天，各問題即已解決，1月18日宋哲元、商震、徐永昌、傅作義等（都是馮、閻軍之將領）通電中央，表示服從，接受改編，宋子文於第二天回南京。這當中的詳情缺乏記載。一直到最近我看到甯恩承先生在《傳記文學》（331號1989年12月）發表的一篇回憶，才知道宋子文與張學良的協議產生了一個河北財政特派員，後來所屬爲冀察晉綏四省統稅局，名義上屬財政部，實際由張委派。厘金取消後改抽統稅，所屬爲棉紗、捲煙、火柴、麵粉、洋灰，再加入礦稅、煙酒稅、印花稅等，即以收入經發四省軍餉與政費。這樣雖然沒有做到財政統一的理想境界，與過去賣鴉片、抽厘金的軍閥體制相比，則已進步多多了。

從此南京政府以新式裝備維持核心約三十個師，被人家稱爲「蔣氏嫡系」，外國人也稱之爲 Chiang's Own，外圍又用津貼的方式，維持到可能近於一百個師的地方部隊，再更外圍的部隊，如雲南、四川各處的部隊，只要他們名義上服從中央，細部已不過問，大體上仍保存他們的補給辦法。這種新平衡的方式，除了極少的調整外，維持到抗戰前夕。換言之，此亦即是中國對日抗戰開始時之陣營。直到八年抗戰之後，中央軍與地方軍之痕跡才逐漸消失。但有些仍保留至抗戰結束。

這不是一種理想的解決之方式。前天我已經和各位談及，我們學歷史的人不當著重歷史**應當**如何的展開，最好先注重歷史**何以**如是的展開。蔣介石與國民政府於1926年開始北代，只有四年時間，他想成立一支現代軍隊，由財政集中的方式支持，爲中國歷史之前所未有，至此已盡到最大的力量。並且抗戰之決策，並不是以同等的兵力與敵方對拚，而是利用中國人力與土地的廣大和對方拖，把對方拖垮。同時得到歐美的同情，使中日間之衝突化爲一個國際戰爭。中原之戰前提議裁軍，將全國軍隊縮編爲六十五師，人數八十萬，務必要採取精兵主義，可是中國的軍需工業和交通通信的設備，都夠不上支持現代化的軍隊。抗戰開始一年之內，中央軍現代化的表面就無法保全，以後被驅入內地，工廠的數目只有全國百分之六，發電量只有全國百分之四。這不是精兵主義可能融洽得下的。1986年年底我來台北參加第二屆國際漢學會議，我已經當場報告：我做下級軍官的經驗「半像乞丐，半像土匪」。可是也只有這樣，能在內地農村生活條件下生存的力量，才使抗戰持久。雖然沒有憑自己的力量打敗對方，我們卻已達到將他拖垮的目的。如此看來中原之戰不是那樣毫無意義。雖然我們仍舊痛心於二十多萬的傷亡數，雖然我們仍舊可惜那每天兩萬發礮彈的火力，至此我們可以想到這次戰爭是北伐到抗戰之間的一種必經階段，因爲如此，我們可以就此承認它在長期歷史上的合理性了。（此即 long-term rationality of history）。

〔各位先進，各位學友，我來此的目的不是註解中國歷史，而是提及自己讀歷史的經驗。我所提出的中原之戰不過是舉一個例，說明中國近代史可以從社會史和經濟史發展。如果我們注重1930年間社會情形，軍官與士兵心理狀態，我們就知道軍閥割據的內在原因。如果我們推廣到抽稅籌餉，我們就可以想見雖在最黑暗的關頭，中國仍在前進。不料舉一個例，就講到半個鐘頭以上。我看休息五分鐘，大家伸伸手足

如何？〕

我曾被批評說是我寫的歷史完全以成則爲王、敗則爲寇爲標準，這種批評完全不正確，同時我也不是「人是我非，人非我是」。那樣所謂「平反」也不是我的目的。我寫歷史，重於已經發生的事情之因果關係，而不著重私人情緒上之好惡，外國人叫做positivism，本來是積極性，也有人翻譯爲「實證主義」。（我也不高興這樣主義、那樣主義，因爲中文一提到主義，就是一個大泥坑，一跳進去，就爬不出來了。英文之 ism 比較輕鬆）。說來說去，歷史家的工作，主要在探詢在我們面前發生的事情之前因後果。一件事情旣已發生，最低限度經過二十年，其成果尙不可逆轉，那我們就務必要就事解釋。雖說我們高興某人，不同情某人，不能完全避免，那已經不是作史者之正途，有時反而使讀史者誤入歧途。

昨天我已經提起，在我們這一生衣食住行無不經過一段改造。我在1950年第一次來台北，從飛機上看下去，觸眼只看到日本式的木房子。下飛機之後街上飛塵撲鼻，所見通行的車輛無非軍用卡車與吉甫車。今昔相比，這樣變動已經很大，可是環顧內外，不僅台北如此改變，其他各地方也有類似的改變。在時間上講，我們眼前所經歷到一段的改變，也仍只是一個長時間亙世紀的一個大改變中之一部分。1988年我來台北時，社會大學呂學海先生說他在基隆附近的農村裡有一所房子，星期天他要我同他去當地參觀。第一件引起我注意的則是當地鄉村裡有電氣設備。信不信由你，這是生平第一次我看到中國農村裡有電。我一問起何時開始，是日據時代還是光復之後，村民告訴我們，開始於1960年代，離我們訪問的時候已經二十多年，快三十年。

農村裡有電氣固然是物質生活的一大增進，同時也反映社會組織的改變。電線能通到農民的屋頂上，表示電力公司已經在會計上認爲每家是一個單一的用戶，能夠把電力供給他，到期按電表收費。在我看來，這不僅是進步，而且是改組了。以前怎樣呢？據我在大陸上的經驗，在鄉村裡和一般農民打交道的只有政府。政府尙不承認各家各戶在法律之前是一個獨立的單位。凡是有何交易進出，概由保甲經手，徵兵納稅無不如此。一家漏稅，唯保長、甲長是問。一個人犯法在逃，親朋鄰舍負責。這也就是上次所說集體責任之由來。從那樣的體制，到今天各人自付電費的體制，是一段很大的改革。在中國講牽涉到一千年的背景。不僅我今天所講的中原之戰，是北伐與抗戰中的一個階段，它把中國軍隊裡的軍閥性格稍爲約束，也把財政稅收軍需出入比較做得更現代化。前者屬於社會史，後者屬於經濟史，這一切已是前所未有，仍只算作改革過程中臨時的一段調整。而北伐與抗戰也仍不過是這空前龐大運動中之一環節。

用不著說各位已猜透我所要講的空前龐大的運動，可以說是進入資本主義之體制；這也是一個國家現代化之眞髓。我因爲這些名辭非常混淆而容易引起爭執，所以強調進入此境界時，一個國家和社會即可以用數目字管理。亦即是過去以農業社會之生活方式作爲施政的基礎，現在利用商業社會裡的生活方式。這樣反能使讀者看淸這種改革之內涵，比一種呆板的定義更實用。（可是在《資本主義與廿一世紀》書內，我仍給資本主義賦予定義，詳該書頁182。）換言之，我重歸納法，不重演繹法。有如我在《萬曆十五年》內已將中國官僚主義的理想與習慣敘述得詳盡，即無須再將官僚主義這名辭搬出來，再製造出一套抽象的理論。

可能也因為資本主義是一個常用的名辭，我不能如是容易的脫身。大家都知道討論資本主義的前有馬克思（其實馬克思未曾在字面上引用「資本主義」這一名辭，只稱為「資本家時代」（capitalist era）以及「資本體制之憑藉的根本」（Kapitalischer Grundlage）），後有韋伯，今日有不少的理論家自己已鑽入「逃墨則歸於楊，逃楊則歸於墨」的境界。我個人即有此經驗。有人問我是不是馬克思主義的歷史家，我說不是，對方就說那你一定相信韋伯了。

可是事實不是如此簡單。在這情形之下，我們也可以再引用孟子所說「盡信書不如無書」。韋伯敘述歐洲脫離中世紀而進入現代時，思想信仰上的解放，有如路德及喀爾文的神學，賦予教徒以自信，使他們將宗教上的信仰應用到日常生活上去。這種「新教倫理」使各人心、口、手一致，所以思想與行動合理（rational），非如此令人預為籌謀的法制即無法執行，法制合理化，才有資本主義。這種說法具有極高度理想主義之成分，只能令人長思，無從證實。一種帶集體性的基本思想，行見於社團當然有長遠的影響。我上面就講到愛面子，重英雄崇拜，人與人之關係為單元而非多元，就助長了軍閥體制，也是這個道理。中國的秘密結社崇拜關公，也是旁的組織原則，權力義務無從合理的劃分得清楚，私人義氣可以代替這些原則的表現。在這種情形之下我們得到韋伯啓蒙的作用，我也勸各位在研究中國近代史時，注重心理學和社會學。

可是要靠韋伯作爲打開中國秘幕的鑰匙，則未免期望太高了。首先我們務必瞭解韋伯的解釋，只能在有選擇性的場合上適用（他就引用巴克斯特（Richard Baxter）及富蘭克林的言辭支持他的理論），並非新教徒都成爲了資本家。據我們所知世界上資本主義成熟得最早的地方威尼斯，這城市國家始終沒有放棄天主教，只是她的主教自己選派，凡教堂對商業的約束她都拒絕遵守，此外並未產生獨特的新教倫理。法國與比利時也爲天主教的國家。這並未阻止資本主義在這些國家內發展。荷蘭因抵抗西班牙以主教加強各地之管制而獨立，在獨立的過程中喀爾文派的力量才逐漸發展。獨立運動的領袖威廉寡言（William the Silent）先爲天主教徒，後改信路德派，最後才爲喀爾文派。至於這地區歷來地方自治的力量強，各城市的紳商有勢力，獨立之後新國家沒有其他的邏輯，才銳意經商，作爲資本主義最前進的國家，這並非由於教堂的力量促成，也並非受神學或倫理所擺佈。

總之，像韋伯這樣的一個思想家，他的地位甚至可能與王陽明對比，不可能由我三言兩語抹殺得乾淨，一個國家和社會從農業體制衍化到商業體制，牽涉到萬緒千頭，不可能沒有思想上的大規模調整，韋伯的用處也在這地方。他講到中國時提到父系威權（patriarchal authority），妨礙合理化的組織勞力（rational organization of labor），我們都無從反對，我昨天就講到明朝抽稅威權由上至下，各人都要規避責任，土地變形，賦稅也不能註消，正符合他所說，可是韋伯不知道有北伐，有抗戰，他沒有聽到蔣介石的名字，不知有張學良、宋子文，我們不能從他的言論中，開創寫中國近代史的出路，反之，我們過於崇拜他，只會禁錮我們的思想。

以上說及韋伯各點更可用於馬克思。馬克思曾說及：「人之自覺不能決定他們的生存，只有他們社會上之生存決定他們的自覺。」在這一點他的結論爲：「物質生活上的生產方式決定了社會生活，政治生活和精神生活之特徵。」（摘自《政治經濟評論》*Critique of Political Economy*）他的勸告使我們注重經濟史，因爲他所說經濟開頭，思想隨之轉變。可是實用時也有限度，大陸方面實行共產好幾十年，最近很多台灣人士回大陸，發現大陸上的人主要的還是一個傳統的中國人。所以我們仍要保持盡信書不如無書的態度。

《共產黨宣言》裡面提到資本主義萌芽，不少的中國學者也隨著依樣葫蘆。西方的萌芽，基於「外放分工」（putting-out system），亦即在紡織業初開始時，不設工廠，投資者將原料挨家逐戶的分配於勞工的家庭，各人在家中紡織，織成後，投資者又將成品收集發給工資。從這種組織與系統，產生了以後之工廠，於是形成日後之資本主義。以後馬克思主義的歷史學家就抓住這外放分工辦法，作爲資本主義萌芽的重點。

恰巧明清之間長江下游地區的紡織業也採取了這種外放分工辦法。不少大陸方面的歷史學家也就抓著這點作爲中國資本主義萌芽的證明，咬定資本主義已於十六世紀在中國開始組織。以後這說法也被日本、英國和美國的學者所接受傳播。可是世界上有名花異卉，萌芽了三百多年，還沒有結實成果？可見得過於相信威權，可以否定本人的判斷能力。

所以我的答案：我不是韋伯的信徒，更不是馬克思的附合者。我覺得要將中國與現代西方比較，務必要將整個體系拿出來比較。從昨晚我們講到明清的財政稅收系統，我們也就可以看出這是一種獨特的體制，在交通、通信、統計科學、測量技術尚未展開之際，中國皇帝就要向全國的小自耕農抽稅，小民也僱不起律師，於是籠統馬虎，一切只仗威權，這是內向而不帶競爭性（introvert and non-competitive）的體制，只能在閉關自守的情形下維持現狀，不能門戶開放。

這樣看來，也可見得門戶洞開之後，天翻地覆的局面了。今晚開頭我也講到1930年的情景。蔣介石和國民政府也還只在一種創造的階段。他的財政稅收也還在草創開始。只表現著中外體系衝突時，新中國發覺舊系統無可改造利用，一改即都要重新組織。中國與外國的區別何在？這是一種特殊的農業體制面，對一種特殊之商業體制。商業重信用，所以它能夠使資金廣泛的流通，經理人才不分畛域的任用，技術上的支持因素如交通、通信、保險等業通盤支配。這種種條件要能做到必須有法律支持，而且法律要能生效，也要從下端做起，釐定各人之權力與義務，不能全靠義氣與私人道德。

在目下歷史學發展的過程內，我不主張先作一部完整的社會史和中國近百年的經濟史。因為整個尚在動態之中，材料很難收集，而且在一種廣大的群衆運動之中，局部的邏輯，不能算數。有如當日李、白、馮、閻的心理狀態，與地方因素支配他們部隊的情形，很難得到中肯的描寫，而且統計數字更談不上。刻下西方學者有的已循著學院分工的辦法，如是做去，我已經提到膏腴萬頃被當作肥沃的田一百萬畝，再不然也染上了罵歷史的壞習慣，將一種組織還沒有條理游動狀態的情形，和西方業經穩定的情形比，以至貪汙無能，各種不負責任的指摘，佔滿篇幅，這些都不是正規之歷史。我想將來都會被淘汰。

我的建議：我們打開中國現代史的出路辦法，仍從軍事政治史的綱目著手，不過每一個題材之內，加人社會學、經濟學之成分。同時經常記憶著這個字的意義，亦即上與下之組織，當中法制性的聯繫。又和以前的事和以後的事對照，比如中原之戰必與北伐及抗戰有關，尚且不被過去之威權所矇蔽。我想大家都如是做去，中國的歷史，三五年後必有一番新面目，也會充沛著積極的成分。

㈢現代的展望

1992年11月13日講於東海大學

謝謝各位同學，星期二晚上，因爲坐席不夠，還讓很多同學在講廳後面站兩個多鐘頭，非常過意不去。今天是星期五，各位在下星期又要通過期中考試，今天晚上仍然踴躍參加我們的討論，令人感到振奮。

星期一晚上我提及明清政府在交通通信條件尚不具備之下，由中央政府向全民抽稅，因此管制嚴、效率低、稅收數額短少，民國成立以來承襲了這種體制，對以後局勢之展開至爲不利。星期二再談到過渡期間，舊體制確已崩潰，新系統尚未登場，人與人之間不能立即執行新時代之權力與義務。即在軍隊之中我們也只能以「有面子」和「無面子」的態度對人對事。這表現掌握群衆心理的仍是舊時代的社會價值。然則在最黯淡的階段，社會之衍化，並未停止。有如1930年的中原大戰，表面看來只是禍國殃民，按其實中樞藉此一戰，革除了過去之厘金，在華北即代之以統稅。統稅所轄的爲火柴、水泥、捲煙、棉紗及麵粉。這些商品在工廠裡生產，也顯現著人民之衣食住行，開始向現代的方向走。雖說進度仍有限，中樞想統一全國的程度仍不夠，只是現代化的程序已經發軔，也由經濟生活開始，影響到其他的各方面。

今晚我仍循著這次序，繼續講述中國長期革命的重要里程。

新中國的高層機構由蔣介石及其率領的國民政府，經過對日抗戰造成。

可是直到今日很少人看出這段歷史的積極性格，一般對國府的觀感即是貪汙無能。

很奇特的，貪汙之由來乃是預算不足以覆蓋應當解決的問題。例如1936年，已算是抗戰之前夕，整個國家的預算只有十二億元，以當日三比一匯率計算，只值美金四億元，這種數字見於《中國年鑑》，也載在《劍橋中國史》。這是一個微小的數目，不可能用之於供應全國陸海空軍，經理龐大的文官組織，倘且興實業，辦教育，維持全國的交通通信。於是預算經費覆蓋之不及，只能指令負責人就地徵發，有時採包辦制度。同一性質之問題採用不同的經理方式，於是整個組織不能在數目字上管理。即是原列入預算裡的經費，也可能由經手人中飽。其採取包辦的一部更無庸議。追根溯源，還是所掌握的資源不足以對付當前的問題。

愈離中樞愈遠，其處置問題的情形愈不堪問。於是也招惹上一個無能的責備。

我個人無意爲貪汙無能辯護。一個官員貪汙，也是貪汙。一個將領無能，也是無能。只是抗戰期間動員三百萬到五百萬的兵力，在統一的軍令之下，以全國疆域爲戰場，與強敵作八年生死戰，爲亙古所未有。亦即在中國歷史上，自秦始皇至光緒、宣統沒有過類似的事情。各位聽我講到傳統中國財政稅收的情形，也就明瞭中國以文教治國，幾百年對內不設防，連動員的能力也沒有。國軍被驅入內地之後，工廠數只有全國百分之六，發電量只有全國百分之四，於是苦肉計有之，空城計有之。

我在1941年在國軍當排長的時候，軍政部只能供應我們一套夏季制服。遇到天晴我們帶著士兵在河中洗澡，一方面仍是赤著身體將衣服在河內洗滌，在樹枝上晾乾，以作換洗。迄至9月才由軍政部發下一筆錢，說是另一套制服之代金，可是發下來的錢就不夠，滇南萬山之中也無處購買，更缺乏交通工具。最後只能由我們師長令一個軍需化裝爲商人，逾境去日本人佔領的越南，買下一批白棉布，回頭用土染醮成黃綠色，又縫剪爲運動員式的短衣短褲以節省材料，至是我們官兵才有衣物換洗，其他捉襟見肘的情形，亦無不如此。

1986年底我來台北參加第二屆漢學會議時，即說出我當下級軍官時「半像乞丐，半像土匪」。然則對方日本即是因著我們寧死不投降，被我們拖著八年而拖垮。各位只要看到當時日本人，不得下台而焦急的情形，才能體會到抗戰的偉大。經過這一段奮鬥之後，中國才眞實的成爲一個獨立自主的國家，軍閥體制才算解體，國家的高層機構才有著落。我們若帶著批評的態度讀這段歷史，可是也不要完全忽視自己的成就。

至於拖垮日本之後，卻敵不過中共，乃是由於缺乏新時代的低層機構。中共之翻轉中國社會的基層，從農民暴動著手。這牽涉上兩種不同的政治思想，兩種不同的群衆運動，完全相反的外交政策。於是也顯示著中國的內戰無可避免。

中共和毛澤東的一段作爲，當然也有它在歷史上的積極性格。我主張承認他們的成就，但不接受共產主義。這是一個相當複雜的問題，需要在背景上有一段闡釋。

前三天高教授已指出，我所說的高層機構與低層機構並非社會上的階級，而只是在國家社會功能上所產生的區別。如國軍及政府各部門屬於高層機構，地方上的組織如過去之保甲，以及土地分配佔有的情形，屬於低層機構。

我們提及共產主義，又撇不開馬克思。各位務必明瞭馬克思是一個不拘形跡的作家。他有時寫得嚴謹，有時又非常放浪。他有一次曾提出大學教授和軍人不事生產，與娼妓無別。那他認爲不屑之行業三種，我自己倒佔了兩種。這種地方只表現他意氣用事，不加檢束。他最大的毛病，還是前後不符。劍橋大學的經濟教授羅賓生（Joan Robinson）曾提出馬克思在《資本論》第一卷說及生產雖增加，資本家仍保持同樣的利潤，工資在這體制之下不能提高。及至寫至第三卷，卻說生產增加之後利潤下跌，事實上工資上升，工人與一般人民生活同樣改善。馬克思則將其詳細情形避免不談。我們再看到《資本論》裡中國被提及十次，倒有七次與印度並列，只算是殖民地，還有一次則說及中國人工資之低，可能將其他國家的工資一併拖下去。總而言之，馬克思之共產主義，是資本主義發展到盡頭後的出路，是否可行不論，起先即不可能與一個現代社會尚未組織完整的中國相提並論。他和恩格斯所作《共產黨宣言》尚且說及共產主義者不應當另外組黨，以與勞動階級所組政黨對抗。有了這種種考慮，我曾提出中共最好自稱為中國人民黨或類似之名目，以避免共產字樣，尤其避免與國際共產主義者聯繫。

有了這段交代，我們才能在現實的條件中，看出中共之作為在歷史上的意義。

中共的土地改革也是一種革命行動，對被損害的戶口無公平合法之可言，可是土地之使用自此合理化。因著這行動，中國鄉村的組織也有一段改造。據參與行動的人士提出：最先組織的是貧農團，只有貧農才能參加，只有貧農才有表決權。因貧農團的擴大，而有農民協會，又因農民協會的擴大，而組織村民大會。村民不識字，即用白豆與黑豆投入碗內，作為表決。這樣一來，基層組織由社會上身分最低的參與著手，沒有人被排斥。過去鄉村裡的保甲不由上級指派，即由當地人奉承上級旨意推舉，總離不開一個真理與威權由上至下，民間組織無非替官衙徵發勒派的型態，中共的改革脫離了這傳統。即是他們自己在鄉下的組織，也經過同樣一段，由下至上審核的程序。

他們的辦法即是將鄉村組織之成員，全部通過村民複核。每個黨員都要通過貧農團、農民協會，和村民大會的三道關（這些組織的成員倒不一定是黨員），不過第一關不能過第二關。雖說這套程序，在當日即經過一套操縱與擺佈，而今又隔四十多年，可是看來其基本精神未變。最近中共黨員發展已至五千萬，內中仍可能有百分之二十不識字。這是他們的短處，也是他們的長處。其長處則是其基層能代表其社會之真實容貌。

從1949年到1979年中共犯上不少的錯誤。大凡一個待開發的國家，基本組織就遂後尙要面臨到兩種難題：一是大量被解放的農民不容易管理，一是初期存積資本的艱難。幾個世紀之前，先進的國家用向海外發展的方式，開拓殖民地、販賣奴隸、發動對外戰爭、勒索賠款的方式存積資本（即大哲學家洛克 John Locke 亦說及戰勝者可向戰敗者索取賠償，最高時可達五年之收穫），此等方法至今都不適用，而且中國大陸尙得不到國際援助。這種困難曾使中共領導人徬徨不定，越想突破越弄得自己手足無措，中國人民也經過幾十年禁錮在人民公社裡。可是現在看來，他們所受罪並沒有白費。

在這幾十年內，政府向農民低價的收買糧食，也以低價配給市民，於是才能兩頭剋扣，壓低彼此的工資。所以大家都穿藍布棉襖吃大鍋飯，因此存積一批公衆之資本。據北京國務院一個研究機關的計算，此三十年內一般農民對國家的貢獻值人民幣六千億元。因此我們估計中共在同期間內存積的資本達美金2億絕不爲過。各位看到近十多年來大陸的城市大興土木，短時間內使天空線改觀，即由於幾十年來集體撙節之成果。

而且經過1979年改革之後，吸收外界投資，注入私人資本，已能使農業上的財富與新興工商業交流，前兩星期我和內人由香港至深圳，經過廣州入黃埔，折向中山轉珠海，而去澳門，沿途看到無數小規模的工廠，利用本地的勞力，使城鎮與鄉村打成一片，這是幾十年前我們不能想像的。

星期二晚上我在此地提出「社會架構論」（Theory of Social

Restructruing），說及一個現代社會能用商業原則管制，因此表現①資金廣泛的流通，②經理人才不分畛域的僱用，亦即經理與所有權分離，③技術上之支持因素全盤活用，包括交通、通信、銀行業、保險業以及請律師等。其癥結則是社會上的經濟因素概能公平而自由的交換，於是其組織可以越做越大。在進入這境界之前，過去的農業體制通常成爲改革之障礙，須要全部被推翻，這也是我提及的立字秘訣。

至於一個國家已經進入這種境況，屬於資本主義或社會主義，不是問題之關鍵。從技術的角度來看，兩者只有程度上的不同，沒有實質上的區別，嚴格來說現在純粹的和百分之百的資本主義已不存在。譬如說當今美國是資本主義最先進的國家，可是在很多地方美國的立法與行政已帶社會主義色彩。因爲我們在美國有一所自己住的房屋，現今家裡已無小兒上學，每年仍要付一千多元的學校稅，以便使沒有地產家裡的小兒同樣上學。最多我們也只能說資本主義的國家，私人資本在公衆生活之中，佔特殊的比重而已。

綜合這種種情形，我們可以說今日之中國，台灣在前，大陸在後，都已經或者即進入可以在數目字管理的境界。這也就是說立字上的一點一橫，和下面的一長橫都已在位，目下的工作是加入當中的兩點。此即執行商業交往時，在法律面前釐定個人的權利與義務。是以刻下大陸方面的經濟改革，其目的不僅在提高人民生活，也要在政府與人民，及人民與人民打交道的時候，確實決定各人之權益，才能造成永久體制。

其中當然還有無數問題，我不是經濟專家，我只能以一個學歷史的從業員身分，說出新中國的間架已在。

同時瞻望世界大局，問題也多。中國之工業化，價廉質美的勞工，藉著商品向外輸出，必使工商業先進工資和生活程度很高的國家感受壓力。最近大陸各城市裡地產大漲，而美國及日本房地產不能增值，雖然沒有直接的關係，已象徵著問題的來臨。我們知道房地產可以作爲投機生意，同時也是投資者下注時終結之所向。不僅工廠與機器需要廠房，銀行業與保險業也靠地產保持它們大部分的本錢。地產普遍的增值，表示整個地區經濟全面展開。這一兩年中國地產增值，即有日本財團的參加。這對日本講也甚可能成爲問題。這個國家鑒於戰前農村經濟與城市之間產生了一道鴻溝，所以在第二次大戰之後，竭力避免這覆轍，長期執政的自由民主黨，千方百計的在各處興建，務使農村地價不與城市的地價脫節。今後的發展是否影響到兩方的國交？我們如果對利害衝突發警報未免太早。但是事前指示已開發的國家和正在開發的國家，需要看透彼此的問題，儘量分工合作已到時候了。

再瞻望下去，我們縱認爲中國與俄國即將通過金錢管制，進入可以在數目字管理的境界，世界上還有約一半的人口，不能在數目字上管理。他們承受著外界的壓力可能產生的反應，也很可能影響到我們的前途。從過去的紀錄看來：凡是世界上大規模的改革，都是以宗教發難，以經濟終。（中國在五四運動時也用過「打倒孔家店」作標語，注意其對象不是孔子或儒家，而是儒家社會所遺留下的「尊卑、男女、長幼」的序次，與清教徒旨不在推翻基督教大致相似）。今日不能在數目字上管理的國家，也仍因著宗教的禁規與教條，或者僧侶寺院的力量維持傳統社會體系。他們的出處也甚足以影響到世界的前途。環顧和我們緊鄰的中東與東南亞都是這樣的國家。

即以印度爲例：大家都知道這是一個印度教的國家。印度教管制社會的方法通過種姓（caste system）、職業遺傳。其實傳統所謂四大種姓 Brahman 爲教師方丈，Kshatriya 爲武士官僚，Vaisha 爲商人，Sudra 爲農夫，只不過是歷史上原始型的安排。現今仍存在之種姓稱爲「甲體」（Jati）。全印度可能有三千個，幾乎包括農村社會裡所有之行業，但是這些甲體每一個地區不同，大概一個村莊裡不過約二、三十個。當中一個甲體稱爲「查支曼」（jajman）擁有村莊內所有的土地，我們不妨稱之爲「地主甲體」。其他的甲體帶服務性質稱爲「卡明」（kamin），原則上非同種姓的男女不通婚姻、職業遺傳。帶服務性質之甲體所供應的服務，具有集體性格。製木器和陶器的供應所有的木器與陶器，洗衣服的洗所有的衣服，理髮的甲體內之男子均爲理髮匠，婦女替村內所有婦女洗髮。他們所得的報酬也集體支付，由查支曼以穀物整年的一次付給。各村莊內和各甲體也各有他們的管理機構，稱爲「五人委員會」（Panchayat），他們根據習慣法處理種姓以內之事。這樣的安排使每一村莊幾乎完全成爲一個獨立自治的單位，與外間隔絕。這和我們所說整個國家和整個社會裡面的經濟因素都能公平而自由的交換，全社會構成一個分工合作的有機體，有了一日千里的距離。

我們常常聽到印度的朋友講種姓制度業已廢止。其實這種制度構成社會的低層機構，無法通令廢止。只能在開設學校、組織軍隊，和建設工廠的時候，職業全民化，新時代的力量才能緩慢的從城市中滲透入鄉村裡去，打破內中的小圈圈。可是我們最近打開報紙，不時又仍看到印度村莊裡面的男女冒犯宗教的禁忌通婚，被五人委員會判處死刑的消息。可見得傳統力量依然掌握著內地。

總而言之，一個社會務必有它的架構，除非新架構在位，舊的無法排除。印度和中國不同，他們沒有中國所經受的內外壓力。東西國家都要交結印度，而印度軍人也一直沒有發生兵變、割據地方的情事。我們將中國之所經歷與尚未改組的國家比較，也更容易瞭解我們歷史發展之眞意義，也更容易看出當中的積極性格。

印度教的力量不算，回教的傳統也有阻礙經濟因素公平而自由交換的地方，即如原教旨主義（fundamentalist）的回教徒，禁止男女交往，也就束縛了女性的勞動力。至今還有些國家如伊拉克，雖擁有資源，而被「聖戰」（jihad）這個觀念所支配，雖自稱實施社會主義，卻在分配資源的時候極端注視軍需工業，也不能在分工合作之當頭，造成一個多元的社會。我們雖無意於批評其他國家內部的事情，作爲一個新時代的公民，卻不能不對這些問題有一個概括的瞭解。況且舉一而反三，歷史上的借鏡不盡在西方經濟業已展開的國家。

在座的不少的同學已經看到今天《中國時報》「開卷」版對我的一段批評。我想有了這三場討論，各位已可看出我們所討論的問題遠超過一般人所認爲「資本主義」這一範圍。即稱爲資本主義，也不當被「新教倫理」和「階級鬥爭」的兩個窄狹的觀念所矇蔽，所以我主張不顧這些框格。在今日綜合世界各國現代化的程序，仍離不開韋伯或馬克思，一定要非楊即墨，可見得自己的立場尚不離十九世紀。所以我不得已，提出「社會架構論」這一名目。然則這名目也可能成爲一種框格，希望各位小心注意。總而言之，有人類即有歷史，明日之歷史必不同於今日之歷史。

凡是在世事中作大範圍的檢討，不期而涉及神學。因爲我在書刊裡一再提及「歷史上長期的合理性」（long－term rationality of history），就有人認爲當中有極端的奧妙，而且已有人說我寫的歷史屬於「目的論」（teleology）。

我認爲一件重大事情的發生業已經過二十年（這也只是一個大概的標準），其情形又不可逆轉，則我們務必看淸它在歷史上長期的合理性，雖然它的結果不盡與我們個人的好惡符合。法家所說「天地不爲堯舜而存，不爲桀紂而亡」亦即是這道理。我提到中原之戰，也有它在歷史上的意義，因爲它代表中國統一過程中的階段，同時替抗戰籌備新陣容。因爲它在北伐與抗戰之間前後銜接，即具備歷史上之合理性，當然這不是褒揚軍閥提倡內戰。同時中原之戰業已發生，抗戰業已發生，內戰業已發生，今日我們的立場，即爲這些事蹟匯集之成果。除非我們立志推翻這些成果，則只有接受歷史之仲裁，此中無選擇性。可是接受歷史上長期的合理性，與介紹一個「歷史的終點」有天壤之別。

歷史是很現實的，它使我們看淸我們今日之立足點。雖說過去之事使我們看到未來若干趨向，但是這不能使歷史家成爲預言家，因爲這些趨向所展開之現實，必在時間上匯合。這種匯合

（timing）無人能確切掌握。要是希特勒以德國之資源，先造成一顆原子彈，使1944年6月6日盟軍登陸全部殲滅，以後是甚麼一個世界？這問題無人可以解答。一人一時一事尚且如此，預言全世界全人類的出處更屬渺茫。

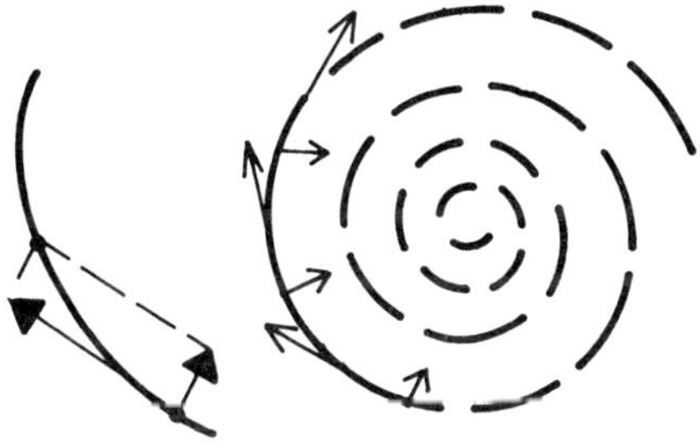

上面的一幅圖解我已經在幾種書刊上載出，其用意就是說明我的歷史觀旨在實事求是，無宣揚某種主義，或追求目的論的宏願。圖上實線表示人類歷史，最長也無逾萬年，大概只有七千年的樣子。歷史上長期的合理性無非表示刻下的立足點因過去事蹟而產生。人類的企圖與願望，以向外的箭頭表示，當然有創造及理想的成分。內向的前頭則代表自私、惰性和憧憬於過去的習慣，或者可以以基督徒「原罪」（original sin）的觀念概括之。兩者之合力即產生現階段的歷史，而標示著下次行動的立足點。這七千餘年的歷史符合康德所謂「現象」，我們只能根據這段實線，設想遼遠的過去和無從證實的未來，有如圖上虛線，勉強湊合於康德所謂「本體」（noumena）或「超現象」。再進一步的討論屬於神學。要是我逾越這界線，則要違背我研究歷史講解歷史之初衷了。

答問

問：你提到在財政稅收上講明清帝國與唐宋帝國不同，這不同的地方是甚麼？

答：唐宋帝國的財政稅收帶擴張性。從前至後我們可以看到數字逐漸擴充。明清帶收歛性，幾十年後稅收數額尚趕不上人口增加，或通貨膨脹的係數。尤以明朝與宋朝比，兩者之間差別顯然。宋朝向經濟最前進的方面著眼，如鑄錢、開礦、經營水運等，所以它的財政稅收單位為銀兩、絹匹、錢　，明清反又用人丁之丁及穀米之石。宋朝自王安石以來即用「免役錢」將差役折為貨幣交納，明朝又恢復親身服役。唐宋政府設立轉運使，在各地經收轉運物資，明、清保留這些名目，卻沒有控制交通工具。全明朝二百七十六年所鑄銅錢數，北宋只要兩年即可全部鑄成。這種差別特別值得注意：因為這是由十一世紀到十六、十七世紀，這樣的倒退在世界史裡為僅見。

問：你的批評是自今日的眼光看出，也從外界眼光看出。如果站在中國本位的立場，是不是當中也有很多優點？

答：說得對。我上面講過既有人類即有歷史，明日之歷史，比和今日之歷史不同。

讓我這樣說吧，一個男孩和一個女孩情投意合，突然有一段事故發生，他們分手，十年或十五年之後各有婚嫁，他們回顧以前分手的情形，必和當時反應不同，可是再隔十年二十年，兩人的經歷愈多，再回顧過去其觀感又必然不同，個人的情形如此，人類的歷史亦然。

明清社會是一種內向（introvert），而帶非競爭性（non-competitive）的組織。只要這兩個條件能保持，當時人無從否定它的優點與長處。當時稅收低生活容易，承平日久，社會安定，人口增加。明朝二百七十六年之內，沒有一個帶兵的將領叛變朝廷。及至清朝順治康熙年間，歐洲的啓蒙運動抬頭，中國猶被羨慕。可是要和十九世紀的情形對照，我們就可看出這體制之值得批判了。

問：你說及傳統社會人民只有義務而無權利，權威總是由上而下。可是我看過瞿同祖寫的關於清代地方政府的書，他說

及清朝官吏對地方紳士的財產相當尊重。

答：他說的是對本地有聲望的人士刮目相看，這與尊重私人財產的權利不同。我們今日所謂私人財產權是普遍的對所有人而言。如果我領有這筆財產，卻排斥其他人對它的佔有，同時我也對所有有關的人員有某種義務。一個現代的政府必須保障這種權利與義務，才能展開現代之經濟。顯然的明清政府無力及此。

問：你看臺灣今日是否已敷設法制性的連繫，確定人民的權利與義務？

答：據我知道的很多條款都已存在，可是大多是行政機關立法，所以稱爲章程、規則等，當中恐怕有很多只顧到官衙的便利，看來還要重新通過立法的程序，才能確定權利與義務。

問：你對臺灣的土地改革與土地稅如何看法？

答：這問題我只好謝絕答覆。我是一個學歷史的人，並且還只用長時間遠視界的觀點看歷史。我只好說我不知此中實情，同時也缺乏判斷的能力。

問：你說及大陸方面的改革，你「當然」希望他們成功。那爲甚麼當然？

答：在我看來中國人民有一個「公衆之志願」(general will)在。這公衆之志願超過國民黨與共產黨的敵對行爲，也無社會階級之阻隔，大家都希望看到中國之富強康樂。國軍的第二百師和以後擴充的第五軍，是抗戰期間唯一的機械化部隊，前任師長、後任軍長爲熊笑三，他的父親熊覲丁即爲中共黨員，曾任《新華日報》的經理部長。各位看到日月潭附近爲玄奘寺題字的有陸軍上將徐培根，德國留學，也在國民政府裡做大官。他的弟弟筆名殷夫則爲共產黨員，在1931年被槍斃。這種父以子繼、兄終弟及的奮鬥與犧牲，超過個人的人身利害。既有這公衆之志願，我就希望它早日成功。刻下看來經濟改革，爲完成這公衆之志願的唯一方案。

問：你爲甚麼一定要用蔣介石代表新中國的高層機構，並且引用到大陸方面去？

答：因爲事實如此，自黃埔建軍北伐抗戰，包括星期二說及的中原大戰，他一步一步的將中國統一，得到外國的承認與協助。

西安事變時周恩來也在支持他，認爲他是唯一的領導人物。抗戰期間以及內戰期間，中共尚且不搞自己的高層機構，大部隊只用無線電聯絡，整個城市文化全部不要。所以我說創造新中國的高層機構不能擯斥蔣介石。即是你不滿於他的個人，也不能否定他所代表的群衆運動。

1988年北京出了一本《中共黨史大事年表》，是他們的官方刊物，內中提到抗戰時中國共死傷二千一百萬人，內中中共的軍隊死傷六十萬，他們控制的地區又死傷人民六百萬。不管這數字確實可靠與否，則國軍及其控制的地區死傷軍民逾一千四百萬了。我所說的高層機構不能擯斥這大規模犧牲之領導力量。我無法在寫中國近代史時拋棄這一部分。

問：你的大歷史觀以五百年爲單位，那麼台灣四百年的歷史就不用提及了？

答：沒有提及並不是否認它的存在。我是湖南人，我寫大歷史時也沒有提及湖南的地方史。

問：那湖南怎麼能和臺灣比？

答：如果要強調內部的差異，湖南也有它的特色。即如最近湖南的勞工，周期的輾轉到廣東去做工，語言不同，生活習慣也有差異，也被歧視。不過我們共通的地方多過於不同的地方。即如燒冥錢，臺灣的風俗也和大陸內地的風俗一樣。我的目的是著重相同之處，檢討共通的歷史。例如對日抗戰就是我們共通的歷史。我有一個同事非常堅持於台灣獨立運動。但是他告訴我，抗戰勝利之後，他首先到碼頭上去迎接國軍。直到二二八事變之後，他才徹底改變態度。我想他的態度也代表很多台灣朋友的態度。這是對一種政治變故之反應，不能算是對歷史的反應。

至於二二八事變我已說過，從大陸來的軍民二百萬，代表政府軍隊和教育機關，全屬一個社會高層機構，突然移植於一個生疏的地方，時間又短，彼此都缺乏認識，甚難不生衝突。即是當日接收人員到大陸沿海各城市的情形亦復如此，可是我們不能用這類事情去遮蔽中國長期革命的積極性格。並且說得不好聽，不要忘記我在國軍當下級軍官的情形，即半似乞丐半似土匪。

問：那你一定要把歷史的五百年講成一個單元？稍短一點如何？是否五十年也可以？

答：那當然可以。我把這幾百年的歷史鈎畫著一個大輪廓，主要的在使讀者看清自1920年間到1990年間只七十年內，中國人集體的把國家與社會向前推進了三百年，這是一種偉大的事蹟。這大歷史有如宏觀經濟（macro-economics）。宏觀經濟不能統計失業就業的人數，不能分析物價，不能講解物價指數。較詳細的分析仍待微視的工作。不僅五十年，即五年、十年及更短時間的研究、更局部的檢討當然都不可少。我只希望治史者不要忘記後面一個大前提，不要忽略我們所處的一個非常時代罷了。

問：是否所有的國家都要經過一段空前的動亂才能完成你所說社會之改造？

答：也有少數的例外。如瑞典原來是一個窮國家，曾向外大批移民，又遇到科技的進步，北部的木材與鐵砂，過去不能採用，突然可以開採，就乘著工資上升，資源到手的機會改組。挪威也有類似之情景，本世紀初期水電展開，這個國家獨得其利。第一次世界大戰爆發，挪威人向交戰國兩方做生意。他們本來人口就少，又大量向美國移民，這些條件促成其改革。不過你若檢討其上層機構、下層機構及當中法制性的聯繫，則可以看出，雖然沒有經過大規模的變亂，這些因素都已改變。至今斯堪底那維亞的國家都是社會民主黨（Social－Democrats）執政的國家，此非經過一段社會體制的改革，決不可能。

二、中國現代的長期革命

可以看出或是四五百年之後，或是六七百年之間，法律制度與社會環境不相啣接，或是經濟的條件變更，或是對外關係改觀，整個國家社會逼著從基層起再造，當中必有一番變亂，中國現代的長期革命，也是出於這樣的要求。

我們在美國不時聽到人說：「我們既有好消息，也有壞消息，先從壞消息說起。」而我的演講也採取這方式。

先從壞消息說起：辛亥革命至今八十年，內中令人愁眉苦臉的事情多。起先民國還沒有組織得有頭緒，第一任大總統就想做皇帝，次之就有張勳復辟，軍閥混戰，等到北伐剛完成，又有中原大戰，於是招惹了九一八事變。好不容易千辛萬苦挨過八年抗戰，只是戰事尚未結束，內戰已隨踵繼起，我們至今只能遁跡海外；也仍是這一串經歷所產生之後果。老百姓更少有幾天過到好日子。

我所謂好消息則是這一切都成爲過去事，今日局勢業已打開，中國現代的長期革命已經成功在望。本文的目的亦即是和各位檢討這好消息。

這並不是說以前的事可以一筆勾銷，他們仍在歷史書裡存在，只是今昔心情不同，我們有了歷史上的縱深，可以對過去的事，有了新的看法，而重視這些事蹟的積極性格。比如說過去我們提到軍閥混戰就無人不罵，寫歷史的人也罵，讀書的人更罵。今晚，我就可以提醒各位，抗戰中爲國捐軀的高級將領——佟麟閣、趙登禹、王銘章和張自忠——全是從軍閥的部隊裡出身。提及中國的領導人物，當中的糾紛愈多，很多外國人對國民黨和老總統蔣介石先生沒有一句好話可說，只以「貪汙無能」四個字概括一切，美國人如此說，不少的中國人也跟著隨聲附和。今天我們即可以用客觀的立場，並且還用不著只加恭維不予批評（我在《中國時報》上寫的文章也就提名帶姓的稱他爲蔣介石），可是批評之後我仍認爲他是中國歷史中最偉大的人物之一，我就沒有看到一個罵他的人，有他的氣魄與膽識。他在抗戰前夕，整個國家的預算只有美金四億元。我在他的軍隊裡當排長，只有三十六個士兵，我晚上常睡不著覺，只怕士兵將機關槍盜賣與山上的土匪，同時偷吃老百姓的狗和玉蜀黍，因爲他們貪吃生病，一病就死。而蔣委員長領導著三百萬至五百萬如是的軍隊——實際的人數我們尚且搞不清——膽敢和日本作生死戰八年，雖說沒有用自己的力量打垮日本，最低限度把它拖垮。這種豐功偉業已是人世間罕有，如果歷史家不同意，請他們舉出一個與之類似的例子。再說毛澤東，也是一般人咒罵的對象，連我自己也可以加入罵他。我家裡父母兄妹離散，還不是他毛澤東毛潤之先生造反作亂所致？可是我所學的是歷史，即使保持最低限度的客觀也要提出，爲了中國的長期革命，他眼見一個妻子被槍斃，另一個妻子據說得神經病，他也犧牲了兩個弟弟和一個妹妹，還用不著說一個妻子在他身後自殺，一個兒子死在韓國，這樣看來，如此他也不可能的僅爲自己身家性命打算。

我有一個幻想：我希望將來寫歷史傳記的人，在敘述這八十年間的人物時，不妨以《三國演義》的方式寫出。「三國」非正史，內中也有孔明祭東風，替劉備留下錦囊妙計等等想入非非的傳說。可是作者始終以筆下人物爲非常之人，所記之事爲非常之事。因之不被俗套拘束，而能將各人生龍活虎的姿態描寫出來。

本來將過去八十年的事蹟，搬出和《三國演義》對比，也並不是全無學理之根據。中國自公元220年東漢覆亡之後，到隋文帝重新統一，當中有了三百六十多年的距離。這魏晉南北朝之分裂，也是舊體制業已崩潰，新體制尚未登場之結果。三國中之人物如袁紹、公孫瓚等也就是軍閥，書裡說及「殺到天明」也是在打內戰，內中提及劉備與孫權，彼此都用劍將一塊大石砍爲兩段，也是以象徵方式說及雙方都企圖以武力統一中國，而結果則適得其反。自從南宋覆滅至朱明王朝之登場，當中的元朝也只是一種過渡階段。各位看到《元史·食貨志》裡提及華北用租庸調制，華南用兩稅制，也可見得稅收政策尙未統一。因爲其朝代之組織尙成問題，況且皇帝不識漢文，不通漢語，以色目人主持國家大計，可見得談不上國家制度，因此終元朝一代內亂未息。首先即蒙古人與蒙古人打，次之則互相爭奪皇位，終至元順帝時群雄起義，漢人再度抬頭。

我提出這些事蹟之目的，當然不是提倡內戰，褒揚軍閥。只不過指出凡是歷史上一件重要事情之發生，必有它內在之原因。我們首先必須從技術的角度考究角度其因果關係，不能用道德的名義籠統帶過。因爲通常在類似大轉變的情形之下，道德標準本身已被重新估計。

如果我們稱秦漢爲第一帝國，隋唐宋爲第二帝國，明清爲第三帝國，即可以看出或是四五百年之後，或是六七百年之間，法律制度與社會環境不相啣接，或是經濟的條件變更，或是對外關係改觀，整個國家社會逼著從基層起再造，當中必有一番變亂，中國現代的長期革命，也是出於這樣的要求。

1911年至今八十年，如果以各個人的經驗衡量，這是一段極長的時間，超過我們各個人全部生命之長度。所以即使主持各種改革的人，也通常見其首卻不能見其尾，見其尾則不見其首。況且當事人極容易被自己的情緒所蒙蔽。這對參與革命的人物講實爲不利，對我們從旁觀的身分看來，尤其我們從歷史之後端看來，卻是一個極好的機緣。它讓我們講學歷史的人不僅對事實作報導，也還帶著分析解釋。我在《萬曆十五年》台北版序和大陸版跋都曾先後提出：中國的革命好像一個長隧道，須要一百零一年才可通過，我們的生命最長也無逾九十九年，以短衡長，我們對歷史局部的反應不足成爲大歷史。其實內中所說一百零一年和九十九年也不過信手拈來，只表示時間之長，有了八十年也就切應場景了。至於所說「大歷史」更與現在的「長期革命」互爲表裡，此中最緊要之處則是刻下大隧道即將走穿，前面已見曙光，倘非如此我不可能平空創造這一套理論，也絕對不敢建議以《三國演義》的眼光，衡量當代人物。（這也就是說我不是來此鼓吹造反，而是鄭重聲明，造反與用武的時間已經過去。）

如果以上提出三個帝國之事例尚不足爲憑的話，我們還可以從西洋史搬出若干事例作陪襯。刻下我就有兩個例子，一是荷蘭，一是英國，荷蘭今日行君主立憲制，可是她在十六世紀和十七世紀之後，剛獨立時卻是一個民主國。在十七世紀初年她全部人口不過一百五十萬左右，敵不過中國兩三個府。以這麼少的人口，她過去又沒有獨立自主的經驗，而且她內部所謂之省和大公國，也不過是西班牙國王的家產。可是她剛獨立即擁有今日之紐約（當時稱新阿姆斯特丹），將南美洲之巴西開闢爲殖民地，向東航行時又據好望角附近地區爲己有，還盤踞麻六甲海峽，掌握著今日之印度尼西亞。甚至威脅我們立足的地方，她在台灣即樹立了根據地。這還不算，在十七世紀她曾先後與西班牙、英國、法國和瑞典——這是當日歐洲僅有的強國——交戰。英國和荷蘭作戰的時候，發現她自己的商船幾乎全部保險在荷蘭保險公司的名下。

其所以如此乃是荷蘭經過一段長期的動亂，其社會已經一度翻轉改造。

剛才提及，十六世紀，今日的荷蘭、比利時同為西班牙國王的家產。1567年此地發生糾紛，很多當地的貴族反對天主教的儀式，百姓隨著參加，西班牙王派兵鎮壓，翌年戰事展開。當初只是宗教問題，因著戰事曠日持久，西班牙希望以戰養戰，全面收稅，引起全民的反抗。戰爭也逐漸向南北軸線上進行，更引起荷蘭民族主義的抬頭，領導權也漸漸落入各地紳商的手中，誰也料不到這戰事直到1648年才正式結束，世稱「八十年戰爭」（與德國境內的三十年戰爭重疊），至是荷蘭之獨立才為西班牙承認。從此荷蘭民國是西歐第一個以航海事業、商業組織的原則和聯邦制為基礎的國家。

英國的情形更為複雜，最初國王因宗教問題和傳教士衝突。國王要設主教，清教徒反對。國王因對外關係須要擴張海軍，地主紳商則因政府籌餉違法抽稅而反對。按其時十七世紀交通發達，國際貿易展開，外交問題繁複，政府權職都要擴充，過去的成規已不實用。如果改組由國王作主則是一種專制政體，如果由人民作主，則是代議政治。可是時人沒有我們今日之眼光，所以圓頭黨和保皇黨彼此都為過去例規爭執，以致兵戎相見，內戰就打了兩次。圓頭黨領袖克倫威爾得勝將國王查理一世處死。可是以前查理一世不能主持一個循規蹈矩的議會，至此克倫威爾也無從掌握，只好在事不由己的情形之下，做了一個違背本身原則的獨裁者。

克倫威爾去世之後，就有查理一世王子查理二世之復辟，只是國王與群臣對宗教問題和徵稅籌餉問題僵持如故，又直等到1689年所謂光榮革命成功，國王詹姆士二世被驅逐，新國王與王后威廉與瑪琍被邀請主政，等於被選舉出來的君主，大局才有著落。按其時這個國家人口由四百萬增值到六百萬，在這八十五年之內也有了劃時代的改變。這樣的我們可以用一個「立」字形容之。

這「立」字上頭的一點一橫代表新的高層機構，從此之後國王只是一個橡皮圖章，有形式上的威嚴而無實權。英國逐漸施行政黨政治和內閣制，軍隊也聽議會擺佈。其所以如此乃是代議政治能夠展開，各議員能確切代表社會各階層的利益。這立字下面的一橫則代表低層機構。以前土地所有漫無頭緒。中國在十七世紀福建的田地有所謂「一田三主制」，英國的繁複情形有過之無不及。大凡歐洲封建體制之遺物，法律上只承認各人的使用權而不注重所有權，所以很多情形之下土地無法轉賣抵當，應加租而不能加，另一方面有些種田人又有隨時被退佃之可能，抽土地稅尤為困難。自從內戰復辟以來，軍隊兩進三出，有些土地被沒收，有的被拍賣贖還，有些土地開始集中，主權也明確化。一般各地士紳就近作主的多，大概軍威與法定主權雙管齊下，也談不上公平與不公平，總之今後主權就已整體化和規律化了。有了這上面的一點一橫和下面的一長橫，當中的兩豎則代表法制性的聯繫。迄至十七世紀中期，英國的法律以「普通法」（習慣法）為基礎，這是農村社會產物，凡以前沒有做過的事全不能做；對於遺傳典當的處置也不合時宜，強迫執行合同的條款也馬虎，尤其關於破產及監守自盜的處理全部置諸空中樓閣。這些缺陷以「公平法」(或譯為「衡平法」)糾正,初期還只及於商人,光榮革命之後則逐漸推及於全民。總之就是迎合於現代社會之需要,慢慢的接近商業習慣。

諸位女士諸位先生,我上中學的時候,國文老師說要是我們的作文做得不好,他就用不著看,只在作文本上批一個「也」字。這就是說開頭的一段之上畫一勾,落尾之後,又畫一勾,當中打一個大「╳」,全部要不得一切重來。我現在建議的「也」字,也有相似的意義,也是整個重來。

如果一個社會上自高層機構下至低層機構,當中法制性的聯繫,牽涉到私人財產的權利都要重新從頭做起,也可以見得工程之浩大。英國以四百萬到六百萬的人口醞釀奮鬥了八十五年,則我們以一百到兩百倍的數目,達到類似的境界,也不能算是完全沒有出息了。

我也不知道諸位想起沒有,我就和美國學生講過,要是中國的長期革命加在他們的身上,即上自頭髮上的裝飾,下至腳上的鞋帶,當中的思想習慣、婚姻關係,口裡的辭彙無一不須要改變,假如我這一代的祖父祖母還能有知的話,用不著說今日之台北與香港,即看到今日之北京與上海,也會覺得我們已經把他們一代的生活方式用一個「也」字勾銷,而代之以一個「立」字了。

這英國的例子與我們的關係極深。不久之前大陸上的人民大會通過香港的基本法,內中就提到普通法及公平法為香港法制的基礎,不容在1997年之後變更,這也就是香港居民擁有個人財產權的保證。還有,英國自從光榮革命之後,進入了所謂資本主義之體系。我因為資本主義這一名詞辭義含糊常被濫用，容易被用作階級鬥爭的憑藉，暫時避免不用，而著重這種境界「可以在數目字上管理」，此亦即放棄過去以農業習慣為執政標準的辦法，而代之以商業條例，讓它作為國家社會一切事務之大前提。這種體制已為世界一般趨勢。

我們再看英國與荷蘭的例子。起先她們都以宗教問題發難，可是長期變亂之後，問題變質。當初宗教上之爭執，八十年和八十五年之後好像被一般人遺忘，至少很少人再將之提起。其結局則是私人財產權的固定與抬頭，至此經濟色彩濃厚。我再詳細解釋它之施行於中國之前，先要綜合的說一句，這也就是中國長期革命所採取的途徑，而且同一歸宿。對中國讀者和聽眾講，這是一個非常容易發生誤解的題材。我想唯一有效的辦法，乃是先從「負」的方向著手，讓我們首先摒除誤解。

這裡所述的宗教，極少涉及於神學，甚至不與道德規律（moral law）發生直接關係，而與宗教儀式極為接近。其癥結則是舊體制免不了以宗教教條和儀節，作為輔助政權、維繫人心和保障治安的工具。西班牙的國王和英國國王都希望透過主教提倡皇權神授說。主教由國王指派，有督率一般人民的責任。簡概說來，這亦即是舊式農業社會裡不能在數目字管理的條件下，傳統體制之延長。新式商業體制，一切都能公平而自由的交換，開始用數目字管理，必定和它衝突。所以英國、荷蘭的宗教問題，自始就隱含著若干經濟性格。一到國王開始派兵籌餉抽稅，則整個經濟問題全面展開了。乍看起來這與中國毫不相關，因為一般中國人宗教性格並不濃厚。然則仔細分析起來這也是誤解，從實用的場合上講，又從宗教的廣泛範圍內講，中國人的宗教性格不低於其他國家人民。例如洪秀全提倡拜上帝，曾國藩就說：「中國數千年禮儀人倫，詩書典則，一旦掃地蕩盡……孔子孟子之所痛哭於九原。」此中所謂「禮儀人倫，詩書典則」已經帶有濃厚的宗教色彩。而他說及「孔子孟子痛哭於九原」更是宗教意識濃厚。（要是他只把孔子與孟子當作一般哲學家和政治思想家看待，則以上的標榜無異於「喂，你不能那樣做呀，假使你那樣做，胡適和馮友蘭聽來一定會在黃泉痛哭啦！」那就不會產生同樣的效力了。）

以下我還要提到儒家教條。爲著避免誤會起見，務必再度聲明，我們著重的是技術問題，不在道德問題。要清算的是將這些美德在政治上的濫用，不在這些美德之本身價值。譬如說「忠孝」也是孔子、孟子傳下來的個人美德，孫中山先生就說應當恢復，台北市也取爲街名，我們不能夠，也無意信口批評。但是在歷史上講，晚清的人物用忠孝的名目擁戴著光緒帝，讓慈禧太后去「母儀天下」，那樣不算，又因著她窄狹的眼光，縱容義和團，向所有與中國有來往的國家一體宣戰，釀成八國聯軍入北京城濫殺中國人，則又當別論了。

有了以上的交代，我們可以斷言中國傳統社會具有宗教性格。即使我年輕時，已是民國十多年，我還親眼看到湖南鄉下很多農戶供奉著「天地君親師神位」，在那時候我也曾親耳聽見鄉人吵嘴彼此攻擊「你不守王法的傢伙」，用不著說專制時代皇帝之稱「天子」乃是貨眞價實的「政教合一」。傳統中國沒有似天主教的神父，可是全部文官組織上自內閣大學士、尚書侍郎，下至九品小官以及「未入流」，也包括貢生、監生、廩生，全部都熟讀四書，都認爲「無父無君是禽獸也」，亦即是全部在支持皇權神授說。又因爲這天地君親師裡面的「親」字，也把血緣關係、親屬關係與政府牽扯在一起。

所以專制體系下的國家即是社會，社會也是一大家庭。此中的組織之基本原則無非「尊卑、男女、長幼」，此亦即「讀書明理」的狀元、進士、舉人、秀才高於無知之小民，男高於女，長高於幼。儀禮可以代替行政，紀律可以代替法律。本來人類天生就不平等，各人只有在這不平等的關係之中各安本分。法律只在各人不安本分的情形之下處罰壞人，所以民法、商法、公司法、破產法全沒有提及，法律限於刑法，內中又以「十惡」爲首，同一罪名也看對方的親疏關係按「五服」之不同定罪。

這種法制的好處則是能持久不變，清律根據明律成，明律根據唐律，唐律則又根據西漢的九章法作基礎。所以兩千年的制度本質不變，尊卑、男女、長幼的順序也不待分辨，不說自明。各人既有自己的年齡與性別，再加以各人社會地位不同，則用不同的服飾裝束標示出來。總之則是全部具體化，可以灌輸到一般人的頭腦裡去，又因爲這種組織制度不較地理上的環境，也不具經濟性格，可以全國一致推行。更有一種好處則是價格低廉。滿清末年政府全年的收入，從來不逾白銀一億兩，以中國人口計和以世界的標準計，這都是一個很小的數目。因爲其組織之簡單、技術之膚淺，可以使一個泱泱大國以小自耕農作基礎，人數億萬，可以不雇律師，不設專業性的法官，一直維持到鴉片戰爭。

你如果問我這制度的弱點在什麼地方，我就可以簡概的說，我們一生遇到的不幸，我所提到的壞消息大半由於這社會上的架構所產生。

一個社會的架構不僅是社會價值之所寄託，也是經濟發展之關鍵，更是軍事力量之來源。中國傳統社會之組織既以尊卑、男女、長幼之序次組成，亦即上重下輕，又因其注重形式不較實質，所以只要冠冕堂皇，在功用上打折扣沒有關係。威權既然凝聚在上，底下實際的情形經常無人過問。

我研究明朝在十六世紀的社會情形時，發覺得很多上端的情形，記載得非常清楚。

例如某年某日皇帝早朝時發生的小事故，倒記載得很清楚，至於下端人民的權利義務卻缺乏實際性的記載。明朝還有一位「好官」，他也確切的相信孔子所說「聽訟吾猶人也，必也使無訟乎」的說法。這也就是說，聽百姓告狀打官司，判判是非，我孔丘也不會比旁人高明，最好是大家都不要告狀的好。於是這位好官立即下令，今後如有人告狀，他先不顧案情，只將原告被告兩造抓來每人各打屁股二十板再說。我們也可以想像在這種「清官萬能」的局面之下，私人財產權無法合理化，即是縱有權利義務與合同的關係，也不過在一種原始狀態之中。這樣只能構成一個單元的社會，不能有現代社會之繁複。

明朝如此，清朝也如此，迄至民國初年和抗戰前夕，這種缺乏技術能力的統治方式也根本未變。1930年間洛克斐勒基金會在河北定縣作過一段農村調查，據參加的人所寫專書看來，當日的土地稅，還用明朝末年的紀錄作底帳。即是魯迅所寫的小說，用浙江的情形作背景也還是與明朝的情形接近，和外界的二十世紀距離遠。

這和西方的現代社會有了很大的差別，一個以商業體制作主的社會，亦即能用數目字管理的社會，各人私人財產，以及各人以勞動力所賺得的工資都能公平而自由的交換，所以牆上之磚才能愈砌愈高。這裡我也要申明：我這裡所說並不是把每人都當作一塊磚，一律同等待遇，而是各人之工資與投資之利潤所有的基本單位都能公平而自由的交換。原則上我口袋裡的一塊錢和洛克斐勒先生口袋裡的一塊錢，有同等的價值，這樣才提得上以商業條件作主。

劈頭已經說過此次來台北之目的，志在參加國慶。要不把過去革命過程中所過種種困苦臚列出來，也辜負了當今慶祝的意義。從辛亥革命至今八十年我們只寫下來一個立字，決定新體制要重新鋪張的宗旨。其實在背景上即準備這種工作，也經過了七十年，鴉片戰爭發生於1840年，距1911年也是七十年或七十一年。這段期間前人就寫下了一個也字，發現了舊體制無從改造，才決定改弦更張。

提及鴉片戰爭，我只著重兩點，作爲參考：一是戰敗之後的「江寧條約」割香港與英國，賠款二千一百萬元，開五口通商，成爲日後各國在中國城市裡設立租界的憑藉。決定今後進口稅規律化，成爲了以後值百抽五的根據，使中國失去了關稅自主的權力。以這樣的喪權辱國，滿清的君臣，很少有反省。從沒有一個人主張考研失敗之總原因，沒有一個人提議派員出洋考察；從無一個人主張今後各官員的職責應當重新釐定；也沒有人講到軍隊應當改組。

琦善與耆英兩位對外交涉之大員仍稱夷人「不知禮義廉恥」、「犬羊之性」。籌辦夷務之要旨，仍在「羈縻」，羈是馬勒，縻是牛紖，也還是希望對英國人、法國人和美國人可以全用馬勒牛紖扯來扯去，這已經遠超過自高自大心理上不正常的情形，而是因爲整個體制以意識型態作基礎，無從片面的改造，翻不過身來。

次之，我也要提及實際作戰的情形，表示其技術上的無組織，有如英軍攻佔寧波之後，道光皇帝曾令他的侄子威武將軍奕經反攻，他的幕僚臨時聘雇而來，大概也都是文士，一般缺乏軍事訓練。反攻前十天，他們不去作敵情判斷和作戰計畫，倒在作論文比賽，三十個幕僚預先作打勝仗的露佈。奕經的兵器，在戰場上臨時製造，所用的藍本則有二百年之久，即製造的人自己也說只能在形式上和圖解類似，不能擔保有實效，反攻的兵員分作三路，據說總人數五萬一千，及至反攻時眞正與敵人接觸的只有三千，他們在夜襲時陷入英軍所鋪設的地雷區中，只有死傷狼藉。

最近《歷史》月刊一篇文字說及鴉片戰爭時，滿清軍隊的戰刀大都生鏽，鏽到刀也抽不出鞘來了，以致看到的人都笑，連帶刀的人也笑。這情景與我自己研究明史的時候，發現很多軍事單位的兵力只有編制百分之二和百分之三的情形極爲相似。這樣的發展既有定型，我就不主張稱之爲「腐化」，而是有意讓它任之用進廢退。當日的「文治」已經如是的成功，所以除了在北部的邊疆上防制少數民族之外，內部可以經常的不設防。預算裡面的開支可以抽到旁的地方去用，所應召集的兵員也不徵派。這一切和國家重文輕武的預定政策，沒有實質上的區別。有了這樣的歷史經驗，我們看到台北雙十節閱兵的照片非常興奮。因爲軍隊不考究其實效，有時其廢退的程度可以超過想像。

回頭再提到鴉片戰爭，1842年的江寧條約簽字之後，廣東民間準備造輪船製火器，道光皇帝的硃批則是「無庸製造，亦無庸購買」。耆英呈美國洋槍請求依照仿製，皇帝則批「望洋興嘆」。提到鴉片戰爭除了魏源著了一本《海國圖志》之外，我就想不出任何具體的反應，只好在此打一個疑問號。

中國對外國新世界有了相當的反應，事在1860年間，1860年洪秀全尚在南京（太平天國在1864才滅亡）。英法聯軍（也有人稱之爲第二次鴉片戰爭）入北京將圓明園燒得精光，咸豐皇帝逃至熱河，次年死在行宮。1861年恭親王奕訢爲議政，清史中稱爲「同治中興」。太平天國之被剿滅以得洋將華德與戈登的助力爲多，他們以上海商民組織的志願兵，配之以洋槍火砲，用輪船運送。他們在中興名臣的面前產生了深刻的印象，同時北京的圓明園萬壽山、玉泉山大火三日使滿清君臣了解，即是今後「籌辦夷務」已經無所「羈縻」了，所以在恭親王領導之下，成立了一個「總理各國通商事務衙門」。各通商口岸則開設同文館，訓練通外語的人才。曾國藩開設機器局，李鴻章自製軍火，以後修淞滬鐵路，創建輪船招商局，辦理郵政電信，這整個一套的接受西洋文化之活動稱爲「自強運動」。

這樣的接受西洋文化不是不積極。哈佛大學的中國歷史和日本歷史專家費正清（Fairbank）和賴世和（Reischauer）就在他們合著的教科書裡說及：

> 中國初期的現代化，著手強健有力，在當日也令人感到印象深刻。和日本成為對比僅在以後產生，如果1860年間外人賭『成敗勝負』的話，他甚至可以在相反的方向下注。中國與西方接觸頻繁，她在1860年間好像已放棄了硬性的仇外態度，而當時不少的日本人卻仍然將之抓著不放。

為什麼這運動會失敗？為什麼中國不如日本？自強運動是一種有限度的運動，它的組織尚且缺乏傳統社會的支持。我們可以從當日曾國藩與李鴻章的通信和日記裡看出，他們所要的無非「開花大砲」和「輪船」，所以希望不經過社會的改革，直接接受西方科技。自強運動的領袖之為中興名臣，不僅因為他們是帶兵的將領，而是他們由進士翰林大學士出身，也是優秀之儒臣。他們心裡恐「衛道」之不足，不可能對尊卑、男女、長幼的社會提出異議。同治中興或是自強運動被張之洞說得好，不外「中學為體，西學為用」，亦即在意識型態之下，不放棄左邊的金字塔，而仍然希望構成右邊式的磚牆。

可是西方商業組織具有動態，各種經濟因素既能公平而自由的交換，則無時無日不在川流不息之中。既有總公司則有分公司；既有批發商則有零售事業；既有生產則有分配；既借貸也投資；如不盈利則會虧本，總之這牽涉到多元關係，更不能像農業社會裡一樣各種因素維持彼此間的對稱與均衡，長久不變。同治年間所設兵工廠則無利潤，初期所造鐵路電訊與輪船乃是一種服務性質的事業，需要大規模的工商業作主顧，也要有法庭律師作技術上的支持，確定個人的權利義務，當日這些條件都沒有考慮在內。

再舉一個例：今日如果我們創設一個大規模的汽車公司，所需原料如鋼材、油漆、玻璃和橡皮都沒有固定的供應者，即造成汽車也缺乏銀行墊款推銷，又無保險公司承當意外，倘無適當的公路和管制交通的紅綠燈，那麼希望這孤立的企業能生效，也難令人置信了。

所以自強運動之設施大抵虎頭蛇尾，我們不能決定哪一天完全結束。可是當時中國派一批留學生到美國，他們在美國學著打棒球，把辮子藏在帽裡，政府認爲與派遣留學生的宗旨相違，在1881年指令全部回國，在象徵的形式上可以視爲自強運動開始退卻。

以後證明自強運動之破產，乃是1894年至1895年的中日戰爭。中日兩國因朝鮮之宗主權而開戰。中國的陸軍在平壤戰敗，隨著第二天就有黃海戰役海軍的慘敗。戰後北洋艦隊的殘餘逃入威海衛的海軍根據地，不料敵人登陸之後，佔領砲台，又用中國自己的海防砲轟擊這些船隻，以致艦隊投降，海軍提督丁汝昌自殺，所有船隻盡爲日本俘虜。中國在渤海灣的藩籬盡失，只有向日本求和，除了割讓台灣、澎湖和遼東半島以外，還要賠款二億兩，贖還遼東又花了三千萬兩。從此中國只有借債度日，所有的國庫收入都用作外債的擔保，全國的領土也被劃入外人的勢力範圍。

1898年的百日維新乃是此空前壓力之下的反應。從當年6月10日至9月21日，一共一百零三天，光緒皇帝用詔書批答的方式發出了兩百多道的公文，提出他維新的宗旨，當中也不盡是方案，也有些只表示皇帝意向之所在。可是事勢顯然，如果光緒能夠貫徹其主張，中國可能成爲一個君主立憲的國家。如果自強運動可以用兵工廠和造船廠概括，則百日維新的目標在憲法和預算，在明析問題的程度上講，滿清君臣已有了很大的進步，他們已經覺悟到軍備不僅在槍砲，還要健全的行政機構和財政制度在後支援。可是他們仍然不了解政府之功能由於社會之所賦予，如果全國社會尚且逗留在十七世紀，而皇帝的一紙詔書即可以使之躍進至二十世紀也是夢想。

何況當日維新人物如康有爲、梁啓超也在慫恿光緒廢八股，以實用之題材取士，設武備大學堂，成立農工商局，這一切設施等於宣告滿朝文武包括翰林大學士和由八旗綠營出身的將領全部無用，尚且因爲各地的廩生、貢生、捐監（捐輸納監）影響到全國的農村組織。（當日只有百分之五的人口能識字，這些人在鄉村裡的地位有如律師法官，因此這些人也會失去特權。）

1898年9月21日的黑幕至今尚未揭穿。是否光緒帝有意聘伊藤博文爲宰相？會被勸往日本考察？或者眞有如袁世凱所說，譚嗣同在勸他砲轟頤和園，要他清算慈禧太后？總之傳說紛紜，事實上只有太后重新主政，皇帝被幽禁，從此終身未得自由。所有新政一律取消，康梁亡命海外，所謂六君子包括譚嗣同被害。關於這戊戌政變所作的結論，只有譚嗣同說的最爲剴切，他覺得中國的改造決不會容易，只有新舊兩黨互相鬥爭，等到流血遍地才有希望。他自己也可以逃而不逃，志願成烈士，去貫徹他的信仰。

這也就是因爲他已經看到問題之大，程度之深，牽涉之廣。推翻滿清非僅更換朝代，而且牽扯上「禮儀人倫，詩書典則」，帶著宗教性質。

百日維新之後十二年（1898－1911）而有辛亥革命的成功，其快速超過革命黨人之預想，其原因則是滿清政府之山窮水盡。慈禧太后既然闖下了八國聯軍的大禍，她從西安回北京，也覺得非改革不可，1908年她和光緒帝兩天之內先後去世，又留下一個六歲的「眞命天子」（宣統）和一個沒有政治頭腦，卻仍「母儀天下」的太后（隆裕），則使全國軍民看淸，她們不可能爲領導全國修憲法創立議會的領導人物了。孫中山先生奮鬥十次，而最後之成功卻出人意料，然則今日八十年之後看來推翻舊體制仍然容易，創造新體制還要艱難。

我們在檢討這七十年的經過時，可以在叙述方面完全用前人的資料，可是結論不同，有了更多的歷史之縱深，我們可以看出各項改革與運動，並不是單獨發生的事故，而是一種持續運動當中的階段與環節。也不是每次都是有始無終的失敗，而是反應隨著外界的壓力增高。以前歷史家很少提及的，則是科學技術之影響，譬如鐵甲戰艦以移動旋轉的砲位出現於美國的南北戰爭，和自強運動開始同時，至甲午中日戰爭，卻成爲了標準武器，而第一次新式海軍交戰，卻在中國之黃海。其他鐵路電訊亦無不如是，迄至辛亥革命，無線電之使用業已登場，從今之後中國群衆運動之趨向，更爲明顯。

既然琦善、耆英與曾國藩、李鴻章的立場不同，而中興名臣的志向也和康、梁百日維新的人物有很大的差別，那我們如何可以把他們混爲一談，認爲他們在參加一場接力運動？在此間我主張參照外國政治學家之所說，因爲這樣的歷史觀已超過傳統中國史家之見解。大概二百多年之前盧梭（Rousseau）與黑格爾（Hegel）曾先後提出「公衆之志願」(General Will)這一概念。他們兩人背景不同:盧梭活躍於法國大革命之前,他的父親是鐘錶匠,所以他也注重農工的生活。他口頭的國家和公社(community)同品位。黑格爾是大學教授,他講學於拿破崙戰敗之後,他心目之中已經憧憬於一個統一的德意志民族國家。可是他們兩人所說公衆之志願有很多相同的地方。

公衆之志願可以說是一個國家的靈魂,它有至高的道德價值和公衆精神。它與自由不可區分,可是這不是個人主義的各行其是——那樣的自由,盧梭和黑格爾同樣的鄙視,而相似於孔子所說的「從心所欲不踰矩」那樣的解放與超脫。然則這公衆之志願究竟是什麼?從他們的文字看來則是一種「集體生活之眞意義」,幾乎是種透明的品質。既然如此則我們只好斷定,個人無法預知,只能在實踐的經驗中體會得到。這種想法尤其經過黑格爾的寫作證實,他曾寫出:「一個國家的憲法或是『基本組織』(constitution)不能憑空製造,那是超過世紀的工作之成果。」

這樣看來,中國現代的長期革命也出於一種公衆之志願。我們所說先寫一個立字,也是超過世紀的工作。我們甚至可以講,進入這長隧道,不是我們公衆之志願,而瞻望隧道前面的光乃是我們公衆之志願。起先眞相不明,即領導人也不能訂立全部計畫,最先總希望即使改革,也是範圍愈狹,波動愈小爲前提。即使孫中山先生也曾上書於李鴻章,也仍希望在自強運動之中完成他的志願,直到中日戰爭之後,他才確切的覺悟到要建立一個富強康樂的中國,在帶競爭性的世界裡獨立自主,非徹底的革命不可。這也就是說他已看清了公衆之志願的大方向，可是除非實踐的做法，他仍不能體會到執行的步驟。

有了這樣的了解，我們也可以回頭倒看過去。魏晉南北朝一段之中，從北魏拓跋氏於公元四世紀開始建國，後來遷都於洛陽，分裂爲東魏和西魏，蛻變爲北齊與北周，至隋文帝而統一也仍可以看作一種持續的運動，雖有各種縱橫曲折，其尋求統一的志向，卻是始終一致，符合孟子所說：「天下烏乎定？定於一。」的說法。即使三國間的曹操、劉備、袁紹、孫權各人雖然秉性和野心不同，其企求中國統一的意念，卻只能說是大同小異。這樣也表現著一種公衆之志願。

最近六年之內，我已經在不同的地方寫出、講出中國最近幾十年的變亂，也蘊育著一種公衆之志願，期望的無非在重新創造一個新國家與新社會之體制，亦即是寫這個「立」字，這立字上頭的一點一橫，代表國民黨在蔣介石先生領導之下，組織一個新的高層機構，包括新型的政府、海陸空軍，使中國能在新世紀裡立足。這立字下端之一橫，則代表新的低層機構，在大陸的一方面由毛澤東先生及中共以土地改革的方式完成，在台灣這方面在陳誠先生主持之下，以1953年的「耕者有其田法案」得到同樣或更高的功效。現在未完成的工作，不在堅持某種主義或者排斥某種主義，而在創立法制性的聯繫，以塡補立字之中的兩點。這種說法我已經在專書、雜誌期刊、報紙或電視提出；講解的工具旣用中文，也用英文；發表的地方爲美國紐約、中國台北，在北京發表的一部分，則只能揭櫫其大意。

上面提及的哈佛大學漢學家費正清教授今年9月去世，他寫的書裡有一點給我的印象特別深刻。他曾授業於清華大學的蔣廷黻先生，蔣先生曾親口告訴他，我們中國人對歐美的情形非常熟悉，對自己內部的事反搞不清楚。這句話督促著我反省，使我覺悟到中國很多的事情不僅不由外界決定，而且尚不由內部上層的條件決定，而由下層的情形決定。因此我再回省我自己年輕時當下級軍官的情形，更深切的體會到軍隊的素質與戰力，由社會決定的成分多，由將領決定的成分少，因為至今還缺乏適當的成文資料，我不妨在這裡舉出個人的幾點經驗作證。

1941年我們在雲南邊境，可以從一個縣之東端行軍到縣之西端，當中不但看不見一部汽車，甚至連一部自行車也看不到，用不著說行軍時無休歇的場所，倒看到各處石砌的牌坊和大人物的神道碑。（因為傳統社會靠著尊卑、男女、長幼的力量存在，不依靠軍備、經濟與法制而存在。）我們士兵每月薪餉只有法幣十四元，還要扣除副食，而在街上吃一碗麵，即是三元。而附近土匪標價收買我們的輕機關槍每挺七千元，照算是一個上等兵四十年的薪餉。在這裡不要忘記自從1911年宣告廢除舊體制的社會價值之外，找得一項新的代替品，在這過渡期間只有私人的軍事力量依靠各個人的人身關係，才可以算數，這也即是軍閥體制。傳統的金字塔社會本來即傾其力只能維持本地治安，至此雖有保甲，卻在徵兵派糧的條件之下感到不支，而新社會尚未產生。

很多人沒有想像得到，中國想動員三百萬到五百萬兵力，以全國為戰場，在統一之軍令下和強敵作生死戰八年，實為洪荒之所未有。當日之軍令、軍政、軍法與軍需要不是草創開始則是毫無著落。要不然何以日本軍事領袖向他們的天皇報告，中國事件只要三個月就可以解決？我們參加這種運動的人今日有出來作證的義務。我想起「三國」因爲內中所說苦肉計和空城計，則我們的處境也與之大同小異。至此我也體會到當日蔣委員長所述「忍辱負重」和「埋頭苦幹」的意義，這也是中國的高層機構由環境逼成的實情。

爲什麼將日本拖垮之後又被共產黨打敗？我不能否定貪汙無能的情形全未發生，但是那不是主要的因素，主要的原因還是沒有下層機構，即有崇高的理想也無法貫徹下去。爲什麼不改革？諸位女士諸位先生，這問題已由歷史答覆，其重點則是要改革只有全部改革，無從接受我們期望的妥協方案。各位不要忘記中國的土地佔有不始自蔣介石，也不創造於袁世凱，而甚至不創立於清朝，至少已創立於明太祖朱元璋以「大誥」治天下時，至二十世紀的中期已近六百年。1946年白修德（Theodore White）等著《雷霆後之中國》（*Thunder out of China*）即已強調「中國若不改革，只有滅亡」。

中共的土地改革亦即是歷史所賦予的答案，內中有無限血淚辛酸不堪回首的情節。美國人韓廷頓（William Hinton）身臨其境，就提及年輕人看到農民暴動時把所謂土豪劣紳打死，不禁想及自己父母在家鄉或者會遭到同樣的命運，有的終夜不眠，有的爲之得神經病。只是講寫歷史的捨棄這些事實不談，也不能一味只說歷史應當如是發生，而避免提及歷史如何會如此發生之因果。不久之前茲堡大學的許倬雲教授即在《歷史》月刊大書〈革命不仁以萬民爲芻狗〉。本世紀初期法國的「老虎總理」克里孟梭（Clemenceau）也說「革命總是一個大整體，一個大方塊」也是這個道理。中國土地與農工問題，既有幾百年的背景，最後弄得派不出兵籌不出餉，改革又要在短時間內完成，尙且牽涉到整個社會組織，也怪不得流血縱橫了。

況且今日來此之目的在慶祝革命之成功，並非鼓勵再來一次革命。今日距土地改革又四十年，我們既提到所付代價之高，更當珍視其成果，有了歷史之縱深，我們可以斷言它的眞意義，不在所謂實現共產主義而有似於隋唐之均田，先在下端造成一個龐大的扁平體，先促進初期的存積資本以後，方顧及其長遠的功能與效用。

如果仍把每個人視作磚牆上之一塊磚，仍是一個呆板的局面，也仍不能使人與人之關係多元化，其活動範圍仍極有限度，整個國家仍不能自由。這情形也仍像建造一家汽車工廠，無銀行、無保險公司、無法庭。

我所講到以商業條例爲組織新國家與新社會的基礎，必從技術的角度著手。中國今日的需要乃是資金廣泛的流通，經理人才不分畛域的聘雇，和技術上的支持因素（交通、通信、保險及法律上之保障），共通活用，亦即旨在各種經濟因素概能公平而自由的交換，其先決條件即在保障工資，固定私人財產與公衆財產，使一切權利義務明朗化，然後全國才能在數目字上管理，我也深知這非容易事。從英國的例子看來，她以法官判案的方式促進公平法與普通法的融合，亦即是以司法機關立法，至少也透過二十年才有頭緒。荷蘭用聯邦制去緩和濱海與內地省分的衝突，也經過一段時間才上軌道，只不過參與其事的人確切明瞭其問題之所在已經是一種突破了。

在這一切尙未定妥之際，我不贊成年輕人動輒戴上東洋式的頭巾醞釀衝突，走向極端，那是日本人在第二次大戰戰敗之前夕，不想活而寧爲玉碎時的榜樣。我也不贊成在這時候再搬出一座「民主女神」。根據過去的經驗，大規模的革命從宗教始以經濟問題終。中國斷無在此時再又以宗教發難，不惜過去革命的成果之可能與必要。將城市間之不如意（urban unrest）擴大而爲全國性的動亂不能促進民主，反而可能遲滯中國的民主運動。然則要這些勸告發生效力，端在中共明白表示其立場有如放棄「共產」字樣。

我們也知道中共領導人物的困難，他們還沒有找到適當的言辭對中外上下左右作適當的解釋。我想這也是布希總統和貝克國務卿不顧外間過度加壓力，而希望北京內部找到妥善之方案的原因。

可是縱然如此，我們從長遠的歷史眼光看來，沒有對前進悲觀的理由。以一個華裔歷史從業員的身分，我已經將中國長期革命這一題目給予綜合的檢討。從中國、從外國、從遠古、從近代的史實，從書本上的知識包括思想家的言論，再從我自己的人身經驗種種方面看來，我覺得以往的壞消息一概是過去事。以問題的龐大複雜和棘手，撫今追昔，我覺得凡是炎黃子孫，應爲這八十年的歷史感到驕傲。這也就是我的好消息。

（1992年11月20日於華視視聽中心演講）

三、關於修訂近代中國史的芻議

寫歷史與寫個人傳記不同，蔣介石、毛澤東與鄧小平人身方面成爲對頭，但是他們的工作在歷史上的意義，卻可以前後連貫。尤其從歷史的長遠的眼光看去，必定前後連貫。要不然中國在1990年間，豈不和1920年間完全一模一樣，或者甚至倒退回去？

我們在一件事態的轉變過程中，身入其境，往往難能體會進展之速。在臺灣的推行民主，開放言論，也有這樣的情景。1984年我在大陸出版的《萬曆十五年》已有數本流入台灣。當時中央研究院幾位年輕的朋友——張彬村、黃寬重和沈松僑諸先生——就希望我們也出一本台灣本。只因大陸版用簡體字，流入台灣已屬違法。以當日的戰時心理：一本書既有大陸版，即對台灣不利。這倒不一定是中樞的政策，只是在當時緊張的情況之下，很可能有不三不四的人從中議論。所以我們不能不有所戒懼。幸虧有陶希聖先生出面支持，既替《萬曆十五年》寫了一段介紹，又親自主持台灣本的出版，才算順利通過。今日各位看到報紙雜誌的言論，和我們在七、八年前的禁忌和顧慮相比，也就可以體會今昔之不同，當中的變化已是非同小可了。

我所謂「大歷史」的一種觀念，能在台灣立足，得力於中央研究院各位先進和各位同事的協助不少。1986年年底我奉中研院之邀，參加第二屆國際漢學會議，即以〈中國近五百年史爲一元論〉爲題，在當時也算放肆。而且那一次來台北，得和近代史研究所呂實強、呂士朋、張玉法和張朋園諸先生接近，得益不少。以後《放寬歷史的視界》之出版，更得到黃進興先生的支持。《萬曆十五年》和《放寬歷史的視界》出版之後，兩書都經吳院長過目，並承他在百忙之中引見。這已經是四年前的事了。可是當時我們就已談及讓我再來台北時和各位報告我這十多年來讀歷史、寫歷史和講歷史的過程。我當然珍視這千載難逢的機會。首先讓我向吳院長、陳所長和中研所各位致謝，也還感謝中國時報和聯合報兩大報系和呂學海先生主持的社會大學。今天我所講的恐怕是卑之無甚高論。但是如果有一得之愚的話，各位先生的支持與鼓勵實不可少。

我所標榜以宏觀的眼光看中國近代史，不過是最近十年事。可是親身體會歷史之展開，已經好幾十年。大凡我們這一輩艱苦流離，已經和歷史所發生大規模的震盪接近。而我個人又算機緣特別好。抗戰時我從軍，一當下級軍官就是十年。在穿草鞋、吃狗肉之餘，學著和士兵一起講粗話，領會到很多不見於書本上的知識。比如說，我們下部隊之前，總以為我們軍校畢業生以新時代的思想與技術，可以在行伍之中發生領導的力量。及至當了連長、排長，才覺悟到完全不是那麼一回事。我們以前的希望可以算作一種理想。其現實則是我們要和士兵看齊，受他們的群衆心理支配。維持部隊的向心力不是紀律與責任感，倒是有面子和無面子的傳統觀念與社會價值。我在十四師的時候有一位連長，他在訓話時一味用尖刻的話挖苦他的士兵，有如：「洞庭湖又沒有蓋子，你們這些傢伙為甚麼不跳進去淹死的好？」而偏偏他的士兵對他必恭必敬，不敢造次。可是當連長的也要表現他自己的粗線條，確是英雄好漢。例如向敵接近時不匍匐爬行，而是挺身前進。甚至我在駐印軍時，還看到戰車部隊在敵礮射程中不放下掩蓋。我當然不是提倡應當如此，而是報告事實演進確是如此。其癥結則是社會的力量大，個人的影響小。中國很多的事好像全是少數人在上作主，而實際上往往是他們遷就於下級，即是基層的力量大。

後來我在美國教書，又逢上了人所未有的經驗。我曾在各長春藤大學做過研究工作，可是自己執鞭任教的地方，總是第二流、第三流的大學。這些地方又有一種好處：他們也不管你是專家，不是專家，凡在歷史系任職首先就要分擔「西洋文化入門」的課程一組。這一來就逼著我對於宗教革命、文藝復興、荷蘭獨立、英國內戰和法國大革命等等題目產生一種綜合的瞭解。大凡教書總是這樣：學生得益少，先生受益多。起先我還埋怨自己不爭氣，沒有趕上上游，才開這樣的雜貨攤。日後才體會這是增進我宏觀眼光最好的辦法。凡事有正則有反，舉一則反三。看到西洋歷史以直線型的進展，才體會中國歷史表面看來以朝代循環作主題之由來。

看到旁人所犯的錯誤，也給自己一種警惕。目下美國講學歷史的重分析，而不重綜合。有演繹而無歸納。這樣的治史，往往對一人一時一事恣意批評，而忽視後面的組織與結構。不僅以小權大，而且以靜議動。千篇一律的埋怨指摘，而忽視了歷史上長期的合理性。這也就是說只有消極性的歷史，沒有看透歷史的積極性格。

我還記著1944年年終中印公路快要打通，國軍由雲南打出和由緬甸打入的部隊，即將在緬北一個叫做南坎的小村莊會師之前夕，我們都在新三十師司令部，這時候也來了一批中外的新聞記者，因爲一切都在戰時狀態，吃飯時也無桌椅板凳，只是大家都蹲在地上，晚餐也只有白米飯和酸白菜。恰巧我的貼鄰則是艾蘧克司（Harold Issacs），當日他代表《新聞周刊》。一經打開話匣子之後，他就老實不客氣的用中國話和我說：「中國老百姓好，政府裡的人不好！」我當時就懷疑，這是否可能。同時所謂好壞，好在甚麼地方，壞在甚麼地方，都無從交代。可見得這種觀察，只有直覺沒有邏輯。而日後艾蘧克斯也成爲了大歷史家，他寫的書《中國革命之悲劇》至今仍是威權之作。各位也知道史迪威將軍曾和蔣委員長抬槓，被辭回美之後身故，他的日記書牘等由白修德編成《史迪威文件》出版。裡面也講到他敬慕中國人的地方。有一天史將軍看到鐵道上一節貨車，也無機車拖拉，只好由苦力用臂力挽。遠看起來有如一隻百節蟲，鐵道兩旁只看出數十個肢體蠕蠕而行。史即在當日日記裡記下，中國人的精神偉大可佩，中國人只要保持這種情神，不怕沒有出頭的日子。史將軍的讚揚可感。但是他沒有提及誰在組織動員這隻大百節蟲，誰又將中國之人力與資源結合起來，對日抗戰，前後有八年之久。這也就是有直覺而無邏輯。

各位有閒時，也可以再翻看《史迪威文件》。這書裡講到國民黨戰時腐敗的情形很多，有的也證據確鑿。可是要追究起來，誰供給他這些內幕，很有意思。白修德把這些人的名字都隱沒去了。我一計算，一共有十五處。雖然是否恰是十五個人不得而知，但是有多數的中國人向美國客卿獻策，暴露中國的黑幕，已無可置疑。

按其實當日中國政府無法申辯，今日時過境遷，一切都可以坦白交代。中國要動員三百萬到五百萬的兵力以全國為戰場，在統一的軍令之下和強敵作八年生死之戰，可算是洪荒之所未有。亦即從秦始皇到宣統皇帝，過去沒有過這種事情。這時候政府的權力只能擴大，不能收縮。而這時又沒有適當的組織，後面缺乏支持它的社會架構。（如果有的話，則不會招致日本之侵略，而且殺進堂奧了。）這當頭如何是好？只有馬虎將就，苦肉計有之，空城計有之，也談不上合理與不合理、合法與不合法，於是長沙大火，黃河決堤，一切都來，只要能維持當前的局面繼續抗戰，不惜犧牲。史迪威沒有查勘得明白，表揚中國精神偉大的百節蟲，並非志願服務，大抵都由強迫拉夫拖來。如果社會組織還沒有進化到某種程度，使當中的動員設計都依數目字安排，則你繼續讚揚老百姓好，斥責政府裡的人不好，並沒有幫助我們解決問題。

私下給史迪威供給情報的中國人，可稱之爲道德高尚。他們雖在戰時仍不放棄人身道德之標準，理想主義可佩。但是也可以斥之爲無骨氣。明知大敵當前，被敵人俘虜則只有被砍頭，或抓去被作爲人肉靶子，也不顧及領導人和近身同事，以挖肉醫瘡的辦法去解決問題，他們還去媚外求榮，只望將自己置身事外，很難令人同情。所以好與壞甚難分解。看你如何著眼而定。

說到這裡各位免不得要問：難到是非全無標準以致公道不伸？

我要即此申明：這問題不由大歷史而產生。實際上這是目前現況，寫回憶錄的，甚至寫歷史的各行所是，缺乏共通的觀點。是非不明公道不伸，是一種極爲危險的局面。我們提倡要放寬歷史的視界，增進歷史的縱深，正是要解決這當前的問題。

因爲這問題牽涉到我的一生：我的前半生有了從前面與下層觀察事實演化的機會；我的後半生志在事後闡釋此中情節。並且和西洋史、日本史比較，正是我謀生的工具，衣食之所寄託。所以我確實花了一段時間，將這整個問題作過深切的考慮。其結論則是：

過去中國一百五十年的歷史，是人類歷史裡一種極大規模的重新組織與重新構造，這當中很多事蹟不能用平常的尺度衡量。至少我們要將它看作魏晉南北朝長期分裂擾攘的局面，進展到隋唐大一統的過程同樣看待。

其所以如此，乃是傳統中國依賴「尊卑、男女、長幼」等等社會價值作寄託。這種組織不能在現代世界裡存在。

從鴉片戰爭以來，重要的里程碑如自強運動、甲午中日戰爭、康梁百日維新、辛亥的民國肇造，不是個別不相關連的行動，而是一種長久遠大的群衆運動中的環節。外面的壓力增強，中國的反應也增高，最後逼不得已將兩千年來的君主體制也一概放棄。

民國肇造後的軍閥混戰已不可少。因爲舊體制業已解散，新體制尚未登場，只有私人的軍事力量可以暫時維繫局面。可是這種私人軍事的力量，也難能在一兩個省區之外收效。在這過渡期間最爲表現群衆運動的革命性格者，無逾於五四運動。五四運動的領導人已經看清革面洗心應從自己著手，士大夫階級有了這樣的覺悟，中國歷史不能再倒退回去。

將一個舊社會推翻，重新創造一個新社會，採取一個「立」字的方式。

中國國民黨在蔣先生領導之下，自黃埔建軍以來主持抗戰、廢除不平等條約，使中國能獨立自主，實在是創建了新國家與社會的高層機構，有如立字上端的一點一橫。

中共在毛澤東領導之下，因著土地革命翻轉了社會的低層機構，有如立字下的一長橫。臺灣方面因1953年耕者有其田的法案，也完成了低層機構的改革。

現今海峽兩岸共同的注意通商，其目的不僅是增高人民的生活程度，而且是創造一個多元的社會，樹立各色各樣法治性的聯繫，使高層機構能反應到低層的需要，亦即充實立字上下之間的兩點。

這樣以商業體制作基礎的社會架構，符合凡事都能用數目字管理的條件，構成永久體制，才全面的促成中國的現代化。

以上這種解釋，我已經自1986年開始在報紙雜誌、專書裡發表，最近也由電視播出。大部分發表用中文，一部分也用英文，發表的地方有紐約、台北、香港。即在北京那一方面也因《萬曆十五年》之跋，已將要旨傳達著過去。從各方的反應看來，我沒有氣餒的理由。並且只有感到興奮。

這當然不是說，以後凡作史的人都要接受我的規範。充其量我也不過說出，我們運氣壞，在這二十世紀的末年，局勢明朗，以前的糾紛，至此告一段落。過去一百五十年的歷史，可以因此作大範圍的綜合。台北大爲開放言論的尺度，就已表示革命已經成功，過去戰時狀態的條件已不存在。我的綜合不足爲憑的話，至少有實驗性質。我在7月8日《聯合報》副刊發表的一篇文字，就歡迎讀者修訂我的歷史觀。但是希望向前修訂，不要向後修訂。我們既已獲得言論之自由，更要珍惜這自由，不要動輒以「翻案」的方式，將白解釋爲黑，將黑解釋爲白，那樣子仍是向後修訂，也辜負了今日自由之可貴。有人指出我所講述的資本主義，韋伯沒有如此說過，或者馬克思並未如此說過，那也都是將我的歷史觀向後修訂，那只能與時代相去愈遠，不見得有出路。

我下面的提議是針對今後而言。如果我們大家都有一段共識，認爲今日歷史上的前因後果已告一段落，中國近代史可以重新修訂，這是一個極好的機緣，我們今後寫歷史，可以從下面這些步驟著手：

第一，我們應當繼續蒐集原始資料。

我自己在研討中國近代史的過程中就得力於親身切眼看到的事蹟。這些事蹟至今尚未見於筆墨。這樣看來，書本上遺漏的原始資料一定很多，過去我們不能講也不願講的情節，通常對以後的發展有決定性的影響。舉一個例：

我生長於湖南長沙，在1920年代，我父親的一個朋友名李道階，曾任湘西長溪縣縣長。到後來他放棄烏紗帽，也沒有奉准辭職，就率家逃回長沙。事後從我父親的口裡，才知道當地駐軍的一個旅長，要他的女兒為姨太太。如果他不潛逃，就救不了女兒，看來省長的權威也無從支持他。

我父親還有一個朋友，叫左國雍，是左宗棠的後人，1930年代任瀏陽縣長。當日本匪徒出沒的期間，縣政府抓到了三個嫌疑犯，經他草率審問，即都判死刑，準備立即斬決。那時候我母親正作客於此地，就和他爭論。她認為當中一個老頭子癡獃懦弱，決無為匪之可能。固然我母親的辯護完全憑她的印象，但是縣政府的審訊也同樣的缺乏實證。當我母親和他再三爭辯的時候，我們的「左叔」就很輕蔑的說：「看他這樣子，活著算甚麼！」我母親即頂著他說：「你自己活著算甚麼！」信不信由你，經她這場爭辯，這老頭子竟無罪開釋。

如果我不親耳聽到父母親口述，我不敢相信這些事情可能在二十世紀發生。又因為以後我研究歷史，讀過明朝海瑞所著《海瑞集》，內中提及他任淳安縣令審案的詳情，再看到瞿同祖所著《清代地方政府》（英文）知道縣級政府，明清及至民國以來一脈相傳的沿革，更因爲我自己研究明代的財政稅收，確切的瞭解除了通商口岸之外，中國的民法、刑法行政機構只能隨著社會轉移。除非社會有革命性的改造，財政稅收經過一段突破，中國無從現代化。上述兩個例子，也仍是傳統中國社會以「尊卑、男女、長幼」的簡陋信條，維繫原始式的農村組織無法適應於現代環境的一種暴露。我敢於武斷的說這兩個例子絕非單獨發生。各位即看到魯迅所寫小說，以及沈從文的筆記亦必有同感。

在這過渡期間軍隊裡的情形，也至今缺乏翔實的報導。國民政府在抗戰前夕整個的預算只有法幣十二億元，按當日匯率只值美金四億，這是一個極小的數目。既要維持陸海空軍，又要支持建設與教育，恐怕老早就捉襟見肘。抗戰開始我們被驅入內地之後，國軍所掌管區域工廠數，只有全國百分之六，發電量只有百分之四，如何生存？我在1941年當少尉排長的時候，每個月的薪餉只四十二元，在街上吃一碗麵，即是法幣三元。山上的土匪標價收買我們的輕機關鎗每挺七千元，是我一個上等兵四十年的薪餉。

最近我已經將當日我在十四師所經歷的一段寫成短文發表，以師長闕漢騫將軍爲題，內中也提到軍中經理，半取包辦制，我還怕當中敘述得不徹底，有引起誤解的地方，不料後來接到闕公子闕定正先生的一封來信，不僅不以爲我在揭發當日黑幕，還欣賞我筆下翔實的報導他先人的性格，亦即是有福同享，有難同當，膽敢承當責任，不以名利爲最終目的。我當然也敬佩闕公子之父風。可是我作文的目的，尚不止是紀人物，而是勾畫當日國軍，不僅冒險犯難，而且掙扎在衣食上求生存的實情。

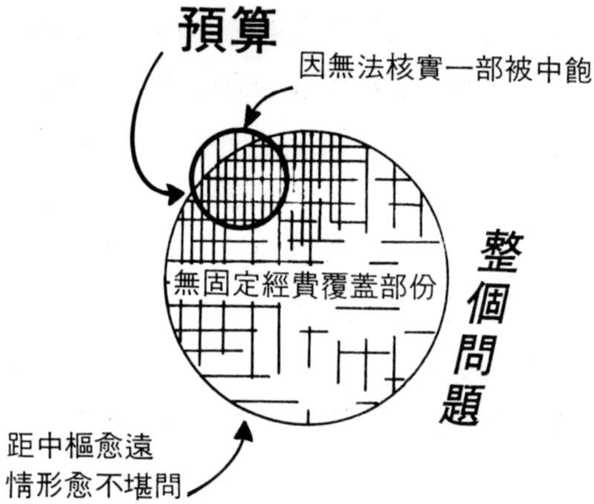

類似的情形又何止盈百上千。但是今日我們翻閱敘述當時情節的文字，只有一片「貪汙無能」的責罵。其實一個官僚貪汙無能，百十個幹部竭盡忠貞。各位只要看到這幅圖解，也可以不待爭辯，瞭解貪汙無能的責罵，不能符合情景；而且至今埋沒的歷史資料尚且汗牛充棟。

所以我建議趕緊廣泛的收集原始資料，集結各種回憶錄，過去很多禁忌，以及掩過飾非的地方，現在都可以不顧。中國以過去一百年的時間，將舊社會向前一推，至少也革新了三百年。這不可能所有的工具齊全，各種步驟合理合法，有了這種膽識，各位蒐集的新資料必會打破陳腔濫調，而具有創造性格，讀來有司馬遷筆下慷慨激昂的色調。

第二，在整理各種資料時，不急切的以道德的名義論斷。

中國人寫歷史重褒貶，歷史家一定要把他筆下之人物，解釋爲至善與極惡，才算盡到了作史的宗旨。如康熙是聖明天子，萬曆是無道昏君。張學良是好人，蔣介石是壞人。這在舊時代倫理道德和社會秩序大致上一成不變，才勉強可以解釋得通。同樣辦法要擺在今日地覆天翻，乾坤顚倒，倫理道德的標準要重新創造重新修訂的時候，不僅不恰當，而且有時跡近滑稽。班固作《漢書》又在書中加列「古今人表」列有古人1,931人，內中有傳奇式的人物如女媧式、有巢氏，也包括孔門七十二弟子，下迄趙高、李斯，統由歷史家班固將他們的德行人品按三等九則的方式，列入上上至下下。今日這「古今人表」唯一的用場，則是表現《漢書》作者的胸襟。今日若僅以道德不離口，亦只見胸襟窄狹。

錢穆先生作《國史大綱》，他一提到東漢末年三國鼎立的時代，各人都尙氣節，但是錢先生也說出這是一種狹義的氣節。亦即社會秩序已在轉變，當事人知其然，不知其所以然，所以對敵對人物，仍用過了時的道德標準自行標榜，互相攻擊。比較起來也與民國初年軍閥混戰，發通電的情節，指斥對方爲逆賊大同小異。

其實這種緊抓著道德名義不放的態度，也不盡止於中國歷史家。巴黎大學初設法國大革命專門講座時，首任專門講座敎授奧拉德（A. Aulard）即強調大革命時丹敦是好人，羅伯斯卑爾是壞人。他的高足弟子馬蒂耶（A. Mathiez）即將他所說的好壞翻了一個面，羅伯斯卑爾眞心誠意的替小民造福，丹敦貪汙好貨，態度游離，隨時可以出賣革命。及至本世紀中歷史家的眼光更爲開放，很少的人仍舊拘泥於這種「好」、「壞」的規範。以後接任這專座的勒弗微（G. Lefebvre）更明白道出：「道德主義者必讚揚英勇，譴責殘酷，可是不能解釋事故。」

不急切的以道德的名義論斷，並非主張擯棄道德不要，或者蔑視倫理。不過倫理道德是人世間最高的權威，眞理最後之環節，一經提出即無爭辯之餘地，故事即只好就此結束，以狹義的道德寫下來的歷史勢必將一段偉大的事蹟，分裂爲無數片段，讀來時只有袁世凱錯、孫中山錯、蔣介石錯、毛澤東錯，於今鄧小平又錯。對以上各人公平與否不論，首先就否定了中國的歷史。我已經提及我們以穿草鞋、吃狗肉、衣不蔽體的部隊和強敵抗戰八年，即算沒有憑自己的力量打倒日本，最低限度也將他拖垮，這不僅在中國歷史裡突出，在世界歷史裡也難能找到類似的事蹟，而這樣的情形不算。中共的土地改革，其範圍之大、程度之徹底，超過隋唐之均田，也抹殺不計。而今臺灣海峽彼此都盡力通商，十年、二十年之內，就使整個國家改觀，從過去殖民地和次殖民地的地位，今日成爲一個舉足輕重的一等國家。這種種一切艱難困苦，先烈死難的情形統統忽視，而只記得起某些人發了國難財，某些人受罪受得冤枉，那也眞是能見秋毫之末，而不見輿薪了。

歷史家熊彼德（Joseph Schumpter）說及，寫歷史的目的無非將今人現局講得合理化。如果有些人以他們窄狹的眼光寫成的歷史，說及各位的立足點都不應該存在，一味呻吟嗟怨之餘，也不指示我們今後的出路，那也用不著和他們計較，《莊子》說：「夏蟲不可以語冰。」於今電氣冰箱早已問世，也是他們猛醒的時候了。

中正紀念堂門口的路標題爲「大智」、「大仁」與「大勇」，可見得設計人並沒有忘記仁義道德，可是既稱大仁、大勇，已是針對非常的局面，放棄尋常的尺度，去打開難關。既然如此，我們在評論時務，必要體會到前人的艱難。他們在內外煎逼的環境裡，通常很少有不同的手段可供選擇。那是我不同意於我的「左叔叔」左國雍的態度，可是當日社會情形如是，如果他不將犯人立即處決，則地方秩序無可維持，我不願處在他的地位裡一時一日。至今不得已將這段往事提出，仍是暴露社會現象，而不是在他身後批評議論他的品德。

第三，以宏觀眼光看歷史時，注重非人身因素 impersonal factors 所產生的作用。

簡略說來，中國的長期革命，旨在一百年之內將中國社會向前推進三百年。這種規模與長度，不是事前任何人所能籌謀與逆料。然則又不是完全是一種自然的現象。大概首先有志之士受著環境的逼迫，採取革命行動，將社會上本來就不穩定的因素放縱。於是因著大規模的震盪，其他個人也隨著加入。這廣大的群衆運動，因時就勢，經過一段正反離合的階段，最後才找到合理的解決。我所說的創造高層機構，翻轉低層機構，和重新釐定上下間法制性的聯繫，也和其他國家所經過類似之程序大致相同，詳情已在我所著的《資本主義與二十一世紀》裡敘及。這全部經過，有如盧梭與黑格爾所提倡之「公衆之志願」(general will)所促成。既爲公衆之志願，即不可能由領導人物獨斷。而且領導人物自己往往做了執行歷史發展之工具。比如說蔣先生定都南京，創造了一部分新型的軍隊和表面現代化的部隊，而後面缺乏同樣新型與現代化的社會架構去支撐它們。他蔣先生只能挺身而出，以一己代替應有的架構。所以旁人以爲他是大獨裁者，而現已公佈他所記日記的一部分，即表示他自己有無限之痛苦，這種痛苦，不在乎對付敵人，而在乎對付內部。如果歷史家不願意被趨炎赴勢之名，去爲領導人物說話，至少也可以把事實後面的非人身因素，拉出來檢討分析。

再舉一例：1930年中原之戰，因北伐成功之後，提議裁軍而起。引起李、白、馮、閻組織一個反蔣的大集團，又有了國民黨內以汪精衛爲首的左派，與西山派代表的右派的參加，雙方動員一百四十萬人，激戰時馮軍每日發射礮彈二萬發，抗戰時無此火力，戰後蔣先生自己承認中央軍死三萬、傷六萬，馮、閻軍死傷十五萬（上海《大陸報》十月十三日），民間之損失，尙不可勝計。而且這距抗戰只有七年，這樣的窮兵黷武，最可能爲口誅筆伐的對象。

可是破口謾罵，任何人都能，也無待於歷史家。歷史家之眼光不同於常人，乃是他們不沈湎於歷史應當如何展開。首先事出非常，他們就應注意何以竟如是之展開，爲甚麼幾十百萬的兵大爺願意在這場合中作礮灰，內中也不可能儘是利令智昏，毫無國家觀念的將領，以及各級幹部。今日我們當然無意於褒揚軍閥，贊成內戰，甚至不能武斷的說當日這中原大戰的情形完全無可避免。可是這事竟已發生，我們首先就要屏棄理想環境上的十全十美之解說，先將現實解剖得清楚。

這種戰爭，當然也表現人類的壞性格。但是並不只以中國人爲然。英國內戰時反對黨把國王打敗，馬上就引起在議會裡佔主要地位的長老會徒和圓頭黨軍中的獨立派火併。日本明治維新之後，不得意的武士就慫恿著西鄉隆盛出頭，有所謂「西南戰役」，西洋人稱之爲（Satsuma Rebellion）。中原大戰由北伐成功提議裁兵而起，首先就符合這種模式。

各位不要忘記，中國在專制時代，好像皇權無限，其實大部的威權，不過矯揉造作的儀式上之裝飾，實際是對內不設防，以無數的小自耕農作抽稅的對象，財政的收入極爲微薄，各種嚴刑竣法也只能有選擇性的，以殺雞儆猴子的方式執行。簡而言之，這是一種消極性帶防禦性的政治體制，維持各地區的平衡，一般的遷就經濟落後地區。國民政府定都南京，馬上就要實施現代化的中央體制，必和地區間無數的利益集團發生衝突。同時中央所在的地區爲江浙，金融經濟比較發達，更被內地落後的地區嫉視。

嚴格說來，這時候新國家還未組織就遂，忠於國家還是一種抽象的理想，另一方面中央集權抑是各地區保持他們現有的體制，倒關係各人切身利害，不僅是各人衣食之所寄託，也與他們盡忠於上官下屬，與同僚袍澤共事的情誼一氣拖連。各位不要忘記美國即在南北戰爭時——距今不過一百多年——很多美國人還以爲忠於各人所在之州超過於聯邦。各位也不要忘記，我剛一上臺就說及中國軍隊裡的向心力，並不是現代權利義務的責任感，而是傳統的社會價值，也包括忠義等觀念。

此外當日全國的識字率可能低於百分之十，農村裡剩餘的人手，不應募爲兵，即落草爲匪，在社會裡很少其他出路。這種種壓力，都使內戰的可能性無從避免。

而且中原之戰在中國近代史裡也並不是全然的一個負因素。這次戰事之前國民革命軍四個集團軍各自為政，再加上東北軍——他們可以和日本自辦外交，馮玉祥的西北軍（第二集團軍）則聯俄，經此一戰之後，這些現象不再發現。原來國民政府的裁軍計畫是縮編全國的軍隊為六十五個師，全國軍費不超過國家收入百分之四十。這計畫如果實現，必採取精兵主義，可是後面缺乏適當的工業支持，社會條件也不夠擔任現代化的後勤，仍然不合實際，經過這一戰之後，中央集權的方針部分實現。國民政府在江浙地區的局勢鞏固，藉此也廢除厘金，實行關稅自主。東北軍入關，張學良就任陸海空軍副總司令。可是中樞的統一政策並不能全部貫徹。南京能夠實際控制的區域仍不過黃河以南，近於北緯三十五度的地區。據甯恩承的回憶錄（《傳記文學》總331號）華北四省的工商業稅捐，包括線紗、捲煙、麵粉、工礦、印花等，雖名義上由中央統轄，實際特派員由張學良派，收入也由他逕送華北收編各軍。馮玉祥經此一戰之後，不再成為問鼎中原的力量，但是舊部如宋哲元、韓復榘仍有控制省區的能力，閻錫山與李宗仁也始終沒有離開原有地盤。自是蔣先生控制的約三十個師，被稱為中央軍嫡系，外圍用津貼的方式又維持若干省區部隊，更外圍的則只要他們名義上服從中央，更不計較。總兵力從北伐之前的一百四十萬人，擴充至二百三十萬人。以後因「剿共」戰事又將中央的力量，推廣到西南若干省區。這種新平衡的局面。亦即是抗戰開始時的陣容。這樣歷史性的發展，一方面與過去創立朝代的情形相似。有如唐朝與宋朝的統一，都經過相當的反覆。另一方面也與抗戰的局勢銜接。長期抗戰的決策，就是利用中國的人力和敵方拖，只有這樣的陣容才能構成一個泥沼。如果堅持精兵主義，一定要和對方勢均力敵，反而只有門面，缺乏縱深。

所以蔣委員長替新中國創造了一個上層機構，不能使下端整齊劃一，有歷史上和地理上的因革在，這也就是我主張重視非人身因素（impersonal factors）的由來。

第四，大歷史的邏輯必與當事人的邏輯不同

以上這種情形不出於蔣委員長的本意。所以他本人的期望將軍隊縮編爲六十五個師、騎兵八旅、礮兵十六個團、工兵八團，總人數不出八十萬的計畫始終沒有實現。西安事變之前，他還希望將對日戰事延遲三、五年，以期待空軍的發展能接近於對方。這種計畫也被打破，所以縱是英雄，必受時代的限制。

我始終提倡蔣介石替中國創造一個高層機構，毛澤東翻轉社會上的低層機構。起先只有我一個人如是說，還不能十分自信。去年我從故宮博物院秦孝儀先生那邊借來一部分資料，內中節錄著蔣先生一部分日記，內中有一段，說及：「至余之處事決策，多用瞑眩瘳疾之方，孤注一擲之舉，以爲最後之一著。」（1944年2月5日）瞑眩瘳疾出自《書經》，「藥勿瞑眩，厥疾弗瘳。」亦即是說，這種病已深沈到這程度了，除了冒至大之險，採取這不符尋常分，不合邏輯的辦法之外，別無他法，可見得他的決策，由時勢逼成，並不是預先構成計畫，以後按著一步一步的做到。

對蔣先生極端崇拜的人講，我這樣的解釋，不可能對蔣先生的聲望減少一分一寸。去年我在中華電視臺就曾講出，1941年我在蔣先生的軍隊裡當少尉排長，手下只有三十六個兵，我常常因為統御經理的事情晚上睡不著覺。而他蔣委員長膽敢帶著三百萬到五百萬這樣的兵，和日本作戰，一打就是八年。他的精神與氣魄，我想像都想像不到。

可是蔣先生與毛先生活動於本世紀的前半期，他們彼此的事業都已在世紀的中期達到最高峰。他們和歷史過於接近，沒有我們看的眞切。而尤其他們沒有看及身後又一、二十年多餘的縱深，所以他們在歷史上所發生的作用，只有我們後人才可以綜合判斷。

中國在本世紀的問題實有雙重性格：一方面除非建立一支新型的海陸空軍，否則不能救亡圖存，並且設計一套新型的財政稅收系統，以合法的姿態取得外強的承認，否則不能得到國外的支援。這一套工作只能從現有的資料著手，有如中原之戰，其目的不外是消除對方的抵抗，把他們收編過來，而不是徹底殲滅。即是利用保甲制度，也仍是遷就於過去社會之環境與習慣。可是另一方面若是下層機構仍是因循不改，也仍只能依人行事，永遠不能產生新生的力量。

這兩套工作，任何一套就使參加的人一生勞碌未盡，偏要同時展開，既互相支援又互相衝突，既前後連貫又互相重複。而需要兩種不同的革命理論，牽涉了相反的外交政策，發動了兩種不同的組織，終於造成了兩種大規模的群衆運動。所以國、共兩黨，團結之後又分裂，分裂之後又團結，有內在之原因。

蔣先生製造新中國高層機構的情形，已由毛澤東述及。毛在1936年著《中國革命的戰略問題》就提及國民黨「已改造了它的軍隊——改造得和中國任何一個歷史時代的軍隊都不相同。」「而且其軍隊數量之多，超過中國歷史時代之軍隊，超過任何一個國家的常備軍。」毛澤東沒有想到，這幾句話是他給對手蔣介石莫大的恭維。既然有了這樣一個龐大無比的軍隊，後面當然也要有一個政府去操縱它。即使這高層機構不盡符合世界標準，也是以前之所無，所以蔣介石在歷史上的地位，有創造性質。

1987年中國共產黨也刊印了《中共黨史大事年表》，初版即印了五萬冊，內中說及八年抗戰，「中國軍民傷亡二千一百萬人以上，」內中「共產黨領導的軍隊傷亡指戰員六十餘萬人，敵後解放區人民群衆傷亡六百餘萬人。」那麼其他約一千四百餘萬的傷亡數，勢必出自國軍和國軍後方的民衆了。

今日敵對的意識既不存在，歷史家即不妨將雙方活動的實況拿出來講解。中共成功之處，即是他們利用國民政府的上層機構，他們不另製造如是之機構。因之在抗戰時及內戰時，整個的放棄城市文化，大部隊只用無線電聯絡。因之他們可以全力去翻轉製造一個新的低層機構。據專家估計土地改革期間犧牲了三百萬到五百萬人命。但是新的低層機構，完全由下向上構成，爲中國歷史之所無，所以也具有創造性格。

據參加這運動的人說及土地改革期間的低層機構，最核心的組織爲貧農團，由貧農團組織農民協會，農民協會擴大而成村民大會。每一個共產黨員都要經過這三層的審核，任何一層不通過即不能入黨，或者要送到特殊的訓練處改造。雖說今日這樣的情形已逾四十年，而且即當日醞釀時即有一段矯揉造作，但是中國的傳統鄉鎮保甲的組織，一向由下級承應上級的旨意辦理，新中國的下層機構，至少已脫離傳統的疇範。即算今日的人民公社不復運行，而大陸的鄉鎮工業勃興，仍表示新的力量由下層突出，具體紮實。中共黨員五千萬人，可能有百分之二十不識字，唯其如此，他們代表大陸群衆的一個剖面，不容忽視。最近有些從大陸來的人，隨便就說共產黨的領導權即將垮台，我不敢輕於置信。

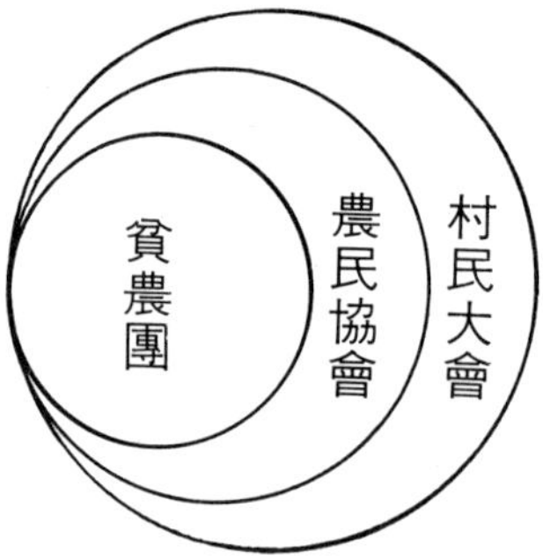

至於這整個運動的長期動向，倒可以從側面客觀的條件看出，不可能是實施馬克思和恩格斯所提倡的共產主義。劉少奇說過，共產主義是人類最高的一種理想，現在看來中國農業剛有的一番整頓，工商業剛組織就遂，就想停滯社會上分工的發展，必無前途。但是大陸自1949至1979年的三十年間之所作所爲，倒符合於「戰時共產主義」(wartime communism) 的稱號，所以幾十年對外隔絕，在國境東西南北作戰，大家都吃同鍋飯，穿藍布棉襖。這期間的成就乃是存積了一段國家資本。據他們國務院一個下屬機關的統計，這期間政府向農民低價收購食糧，又低價配給城市裡的居民，因之兩頭剋扣，存積的資本達人民幣六千億以上。（這一段我所說的消息來源，分別載在《放寬歷史的視界》和《資本主義與廿一世紀》書內，恕我一時不能憶及），所以大陸方面不待外援，已可著手今日的經濟改革。即稱之爲社會主義或資本主義，現代經濟的三個基本條件無從避免。此即信用展開，資金廣泛的流通。人盡其才，經理與所有權分權。技術合作，交通、通信、律師業務等全盤活用。這也是現下中共的設施。所以四個堅持與否，我們從歷史上所看到的邏輯，必與當事人所保持的邏輯不同。

寫歷史與寫個人傳記不同，蔣介石、毛澤東，與鄧小平人身方面成爲對頭，但是他們的工作在歷史上的意義，卻可以前後連貫。尤其從歷史長遠的眼光看去，必定前後連貫。要不然中國在1990年間，豈不和1920年間完全一模一樣，或者甚至倒退回去？

還有人以爲大人物自已說的不算數，只有歷史家的解釋才有現在的用意，也可以算作狂妄。在消除這段疑惑時，讓我再舉一個例。以下一節也出乎一個大人物之手筆：「凡事有敗必有成，亦有成必有敗。今日認爲惡因者，或適爲他日之善果。而今日所獲惡果，在昔日反視爲善因者。以此證之，無事不在矛盾之中，並無絕對之善果也。」

寫這段文字的人，已經看清了歷史在時間上的意義。這段文字也表揚了左派人士標榜而爲「唯物論辯證法」的眞髓。各位能否猜出寫這文字的作者是誰？其答案則是蔣介石，這也就是《史迪威文件》裡說缺乏四年大學教育的蔣介石。這段文字出現於蔣先生1944年5月31日的日記。

說到這裡我的講題將近結束。我還記得1985年初來台北時，就有人問及，「你這麼講來，前因後果都由你一個人解釋得明白。那豈不是只有你的書刊？我所研究的專題爲甲午中日戰爭，難道因你這樣的講說弄到沒有事做？」

這絕對不可能。我所提出的始終不過時間的一個問題，即是今昔之不同，於今逢到歷史上的一個大轉捩點，以前的資料，有了一個大綜合的機會，我所謂大歷史，與經濟學家所謂「宏觀經濟學」(macro-economics)相近。本身即是一種粗枝大葉的綜合，又仍待微視的研究分析訂正。即使最廣泛的使用，也不過在高中和大一的程度內，使讀歷史者有一個基本的輪廓。以後更詳細、更精確，更有實用價值的資料，不可能因我的書刊而被歧視。宏觀經濟不能解答就業、失業問題，不能分析物價指數，也不能預測消費者的心理。總之就不可能壟斷微視，更專門更深刻的研究。

並且即是一位年輕學者，完全相信我所作的宏觀論斷，也用不著在他的著作裡標明黃某人曾如是如是說。最重要的，不要忘記後面有一個天翻地覆的局面。即是1949年至1950年間，大陸來的人口，遷移到台灣的超過二百萬，這也是洪荒之所未有，所以我們已經剛度過一段像魏晉南北朝那樣分離顛沛的局面，目臨到隋唐之交重新創造新局面的良機。這是研究歷史的人千載難逢的機會。我們不要錯過這機緣，把個人的局部的、偶然的不如意事過度發揮，見小失大，這也是我不揣冒昧以「大歷史」爲標的用意。謝謝各位。

（1991年11月5日講於中央研究院近代史研究所）

四、一國兩制在歷史上的例證

一國兩制由於內部經濟不平衡的發展而產生，通常免不了地理因素，也有歷史性格。戰爭甚難解決此類問題。因戰爭通常將局勢改變，而構成新問題，也通常出於交戰者意料不及和操縱力之外。

我這次討論一國兩制限於一個國家企圖在現代化的時候，其行政事項不能全由一套數學公式處理所產生的情形。在我看來一個現代化的國家，有別於尚未現代化的國家，在其政務可以用數目字管理。因是她之體制，具有流線型。以後的行動，也比較可能預測，即使在過程中有一國兩制的辦法，其需要兩種立法，或是兩種司法體制，也是緣於歷史地理上的要求。這與一個國家故意將其權力在兩個地區不平等的分配者不同。有如母國與殖民地的關係，或者王畿與諸侯采邑之區別，那不是我所說的一國兩制，也不屬於刻下討論的範圍。

下面提及四個例子，彼此在時間上及空間上的距離都很大。自此看來一國兩制早已在各處前後發生，並不算是在今日伊始。我提出這幾個例子，也無特殊創意，它們早已經歷史家提出，也經過專家之推敲。只是把這些例子，歸納於現在的一國兩制標題之下，倒確是草創。我希望有了今天的初步檢討，再加之也繼續研究，大家可以在實質上體會到一國兩制，確是歷史上曾經發生的事物，而不僅只是一種帶宣傳性的標語，或者只是一團政治塵砂所產生之霧影。

當然這些例子可以在大範圍之內給我們若干啓示。可是我不提倡從中抽出細節和現下中國比擬。原因很簡單，今昔不同，環境上與背景上有很大的差異。刻下我們的檢討無從避免粗枝大葉。除非我們有更精刻的研究提供極確切的資料，將兩種偶然相似之處混爲一談，跡近武斷，甚可能產生誤解。

我的第一個例子爲蒙古人在中國所創立的元朝。《元史·食貨志》提到，元朝立國之後稅收南北不同。華北用租庸調制，華南用兩稅制。我們在檢討此間區別之前，先在背景上應有若干認識。

上面提及一國兩制因企圖現代化而產生。元朝立國於十三世紀至十四世紀，此時中國是否已曾現代化可能引起爭執。哈佛教東亞史的專家賴世和與費正清在他們的標準教科書內提及中國「前期的現代」已在晚唐來臨，亦即在八世紀至九世紀間。他們所持的理由乃是此時中國社會穩定，所有的組織制度也已整體化，又能彼此平衡。這和「古典時代」的中國前後不同①。這樣說來元朝確已進入現代了。他們的立論不是沒有獨到的眼光，只是用辭缺乏堅定性。所謂「穩定」，「整體化」和「平衡」都是抽象字眼，不可捉摸。用之在歷史裡樹立里程碑，不能令人完全置信。

我個人認為中國傳統時代極長。中國早已進展到現代化之門前，甚至比很多國家早好幾個世紀。可是雖叩關仍不得其門而入。究其原因乃是中國早已發現用數學公式處理國事之大前提，她卻始終不能引用眞實的數目字，元朝的情形亦復如此。

租庸調制承襲於北魏暨李唐王朝。其先決條件為土地國有，全民通過「均田」的一段層次。每家每戶都按人口及耕作力據有配有耕地。於是稅收採取「包束式」。租為穀物，庸是不付工資的勞力，照例每人每年二十天，調為紡織品，普通用麻布繳納。其稅率全國一致，各家戶按丁數乘基本數付稅，或以一夫一婦為一「牀」而按床繳納。事實上均田很難按實做到，各家各戶的田地也有高低，只是因其稅率極微，一般農民不難照辦。換言之，租庸調取其明白簡單，不仔細計較內部之公平。在一種原始型的農村經濟之間，佃農不成爲重要因素的話，可以通行無阻[②]。

兩稅爲夏稅與秋糧，各在收成期間徵收，以田地的畝數爲根據，也因肥瘠而高下，亦即稅收與各家戶之收入而成比例。一般情形較依租庸調之包束式的收取爲多。

元朝之南北兩制有其歷史上及地理上之原因。當蒙古人進佔華北時，這整個地區已經契丹女眞等半遊牧民族據割一百多年。這些民族已將當地胡漢混同的人口編爲各種公社。雖說我們無從確定當日土地佔有之詳情，只是契丹女眞之民政兼具半軍事性格，可見得其政權能直接控制絕大多數之小自耕農[③]。於是徵兵籌餉都以極短線條的途徑直接輸納於軍中。蒙古人以馬上得天下，沒有不歡迎這動員容易之制度的理由。

可是華南地形複雜耕作物品類繁多，上述包束的稅制礙難通行。況且南宋已在此間定有完整之稅制，如果將其稅收底帳放棄一切重來未免花費。所以元世祖忽必烈於公元1282年詔令全部地區一切如舊，自此一國兩制成爲事實，終元季之世，只有局部修訂而從未全部放棄。

再則在忽必烈之前，蒙古人已採用他們在草原地帶的辦法，將征服的部落發配貴族王子爲奴。他們在中國也有如是之封祿稱爲「投下」[④]。直到忽必烈採用中國體式之政府實行中央集權，才詔令廢止此等小單位。但是《元史·食貨志》仍載有一百五十個皇子公主及功臣等的采邑。他們封到的戶口，少只有三戶五戶，多至十萬戶。根據法令食邑者只能派經理人員至地方政府，接受納稅所得，不能據地產爲莊園，或執人口爲農奴。可是如此重複的編派，在體制上至爲紊亂。

忽必烈本人執政也多矛盾。他在併呑南宋時希望結納南方人心，於是詔令凡宋廷額外徵派一律罷免。在紙面上元朝稅率極低。可是事實上非正規之差派仍是紛至沓來，有如征日本時造船之徵發，在忽必烈統御期間他經常需要擴充財政與稅收，因此曾犧牲手下三個功臣。

阿合馬乃是回紇人，他前後居官名目不同，如所謂平章政事兼制國用使，即等於副總理兼財政部長，如是者前後十九年。當他有生之日總以能幹有效率著稱，也獲得皇帝信任。1282年他被一位漢人軍官謀殺，御前也爲他復仇將凶手拘獲，明正典刑。可是不久阿合馬殃民的傳說接二連三的供達聖聽，忽必烈因此大怒，下旨將之剖棺割屍。盧世榮初從阿合馬入政，在1284至1285年間也有了統領財政稅收的權責。雖說他得到忽必烈的口允，在他執行國務期間被控告得豁免，可是到頭告訐者多，盧世榮被檢舉獲死罪，在年終之前執行。桑哥初至譯員，專理宗教事宜，也繼盧世榮整理財政，於1287年至1291年掌稅收四年，其結局有如其前任⑤。

這些事蹟與一國兩制何干？

以上三人之作爲均列入《元史·姦臣傳》。在傳統作史者的筆下，這是歸納不符衆望各權臣的辦法。他們執政失敗之後，總以道德喪壞之罪名見諸史籍。我們仔細反覆閱讀三人傳記尚且發覺他們的獲罪，全由部下人事安排而起，糾葛大都出自南方。

凡是熟悉中國傳統官僚政治的學者即可指出，此邦無從以精確之數字管理。官員數目有限，下端的小自耕農以百萬千萬計，又缺乏司法獨立之傳統，於是「寬大」與「仁厚」的宗旨，總不可少。頒行法令是一件事，按字面執行又是一事。將各地區之利害與中央的政策平衡，是藝術而非科學，人事上之妥協總不可少，如是儒家之人本主義才如日中天。所有文官由科舉出身，先在意識型態裡有了一段薰陶。他們的作風一致，於是各處官職均可平行交換。他們之協調即爲朝代安全之根本。蒙古人面臨此種局面，既不將之全部廢除又不遷就，模擬兩可之後在組織上及心理上均缺乏準備，總之即無從決策。

阿合馬、盧世榮與桑哥都有能臣之氣派。他們處理近身直截了當之事都無差錯，一到執行權力於遠區，責任需要交替轉達的時候，才有各種參差與過失。他們和他們部下之親信是否貪贓枉法，有如攻擊者之所指摘，我們已無從考證。可是只從技術的角度看來，我們至少可以指出蒙古人既以一國兩制作財政稅收之根本，即不宜引用中央集權的文官組織主持，至於其組織結構中尚有其他矛盾，更不在話下。

忽必烈之財政無出路影響到全朝廷。他的繼承人缺乏適當之收入，難能維持一個天子萬能的局面，只有濫發紙鈔。通貨膨脹之餘全國瓦解。

原來中國在十一世紀已顯示了她的優點。她在經濟上及文化上的成就在北宋時即已取得世界上先進的地位。只是王安石之行新法不成，而朝廷江河日下。經過一段研究之後，我們今日可以論斷：新法失敗由於北宋君臣不能將公私掌握之服務性質事業及物資暢快交流，有如現代商業體系。王安石之設計一言以蔽之，無非使財政片面的商業化。從西方的經驗看來，若要此種舉措成功，必先具備司法獨立之條件。各個人擁有財產與否，他們的權力義務都需明白規劃，於是在法律之前舉凡遺傳破產、典當、監守自盜、矇哄欺騙各種事端，全有應付的辦法，全無罅隙，不得虛賴。要做到這地步，先又要國際貿易大量的擴充，使交易的數額在國民經濟中占特殊之比重，迫致農村組織改組以適應新環境。倘非如此則只有官僚作主，憑己意將各數字翻來覆去的修訂，只有與事實相距愈遠，亦即仍是不能在數目字上管理⑥。

有了宋、元兩朝慘痛的經驗，明太祖朱元璋才決定全面退卻。新朝代設計不以經濟方面最前進的部門爲基礎，而以落後的部門爲基礎，前朝興辦之鑄銅幣、開工礦、倡水運都不能引起這位貧農天子的興趣。朱明王朝代表一個農村拼湊而成的大集團，內向而不具競爭性。在洪武皇帝立制之下航海受限制，奢侈品被禁止。他聲稱「藏富於民」於是稅收數量低，可是他的政府除了管制之外，對民間的服務也有限。這樣一來在西歐各國突飛猛進、整備現代化之際，中國只在體積上膨脹，其組織與性格未變。

我所列舉的第二個例子乃是南北戰爭前之美國。當日北部禁止蓄員奴隸，南方則認爲合法，這在國家法令及社會組織同屬一國兩制。

美國在1787年修訂聯邦憲法時所刊條文有兩項涉及奴隸。第一款第二節規定各州派往聯邦衆議員之議員，照各州人口成比例，算時將奴隸數折作五分之三自由公民數抵帳，可是奴隸無選舉權，前項條文引起日後攻擊「奴主勢力」之藉口。因爲影響所及，全體奴主確在立法機構各有聲勢駕凌一般公民之上。憲法第四款第二節則稱凡人在此州具有服務之義務者，不能因轉往他州即開釋放棄此義務。這也是說奴隸，縱脫逃，雖遠走高飛，亦當送回原主，依舊為奴。可是此段文字含糊，憲法既未責成各州有押返逃奴之義務，也未指定聯邦政府執行奴歸原主，可能訂立章程，區分職責⑦。

除了以上兩項之外，憲法亦規定由海外輸入奴隸應自1808年終結，憲法雖未言明，各條款實已承認各州有權決定境內有關奴隸之各種法則。

此一國兩制不出自有心的企劃。歷史家曾臆度修憲人士已考慮對付奴隸問題，原望徹底解決，只因此問題過於棘手而罷⑧。在十三州尚未組成之前，美洲大陸一部分為西班牙及法國屬地，黑人奴隸早已輸入，在種植稻米及棉花之地區，奴工使用少則數十年，多則逾百年。一般人以為奴工與棉花關係密切，其實此尚為以後事。北部奴隸與農作物生產之關係不深，經濟價值低，所以廢奴較易。麻色邱塞州於1780年禁奴，紐漢普沙於1784年禁奴。賓雪凡尼亞，康內迪卡，羅德艾蘭，紐約及紐澤西採取逐漸廢奴辦法，亦於1804年完成⑨。所以修憲人士如果認為奴隸問題不必操切，假以時日，不禁自廢，不能算是全無理由。不意棉花退籽之技術於1793年發明，去修憲只六年。以前此物無法應世，至此成為奇貨。南方酷熱宜於耕種，黑人體格也足勝任，至此使用奴工只有方興未艾。

新世紀的來臨展開了立即全面廢奴運動。原來在遙遠的過去基督徒彼此有約，不迫致同教人士為奴。對於異教徒則另當別論。有人更以為即使令未受福音之野蠻人在勞動服役之餘受教獲救，未嘗不是對他們有益。有了各種自圓其說的辦法，則輕縱了奴主之良心。即使大哲學家如洛克亦主張有限制的奴隸制度。

十九世紀一片人道主義的高潮傳遍美洲大陸。至此很多人直接的認爲畜奴非道德，與自然法規背離，雖有成文法維護無效。北方之廢奴運動如火如荼，帶著宗教性的虔誠，不可阻遏。當然也遇到強烈的反抗，又不能避免的與南方經濟利益不可劃分。

1820年北方之自由州有人口五百萬強，相對於南方四百五十萬弱。北方出席衆議院議員一〇五人，南方八十一人，算是維持著難於繼續的平衡。這時提出的法案組織新地域米蘇里爲畜奴之州。北方人士立即認爲他們的利益被威脅。以後產生妥協辦法，米蘇里雖爲畜奴之州，但是今後凡從路易西安那購地之區（1803年美國向拿破崙購得北美領土）北緯三十六度三十分以北永不畜奴。這妥協一時平靜了兩方之爭執。

及至十九世紀中期興建橫跨大陸之鐵道引起各方對西部之注目。此時提出之甘薩斯——內布斯加法案，常被稱爲南北戰爭之「眞原因」。這1854年的法案稱：內布斯加可以組織爲數個不同之州，以後「加入聯邦時畜奴與否，由其〔州〕憲法決定」。這無異於廢除米蘇里法案，因爲所述地區均在三十六度三十分之北。更有進者提倡此法案人士尙在高舉「全民最高主權」的旗幟。他們的論說，畜奴與否，屬於各州全民最高主權。聯邦政府無非多數〔即多數之州〕最高主權所授命之經理人，本身無權對此重大之事自作主張，則米蘇里法案不僅被廢，而且本身尙是違法[10]。

於是最高主權在州或在聯邦展開激烈的爭執。也成爲黨派間的糾葛。共和黨在此際誕生。黨的政綱提及：「議會之權利與義務都在要求它在全國領域內廓清野蠻習慣的兩大遺毒，即重婚與畜奴。」有了這樣的宣言立即廢奴成爲道德事件，再無妥協之可能。

可是南北戰爭在1861年開火時，其複雜遠超過廢奴人士與奴主的決鬥。很多家庭分裂爲二，父子兄弟成爲對頭。有良心之人士很難置身事外，不在此即在彼。羅技伊李曾爲西點軍校校長，生平未曾贊成奴隸制度，至此成爲南軍總司令。傑克森將軍號爲「石城」，在內戰爲南方捐軀，在戰事爆發之前夕，猶在公衆談話時希望軍事衝突可以避免。斯迪芬司日後爲南方邦聯之副總統，當初在提出退出聯邦時投反對票。至今南北戰爭猶爲美國讀者手不釋卷之題材，因爲固然有各人自私自利之陰暗一面，卻始終不缺乏爲國「或州」犧牲，浪漫主義及理想主義之高潮。

今日將一個半世紀，我們在局外檢討美國的一國兩制時，當然對奴隸問題之本身已無考慮之必要。當中值得注意的是基本法律之中含糊之處可能引起日後無限糾紛，不僅所謂「全民最高主權」及「多數最高主權」之名目，值得歷史家仔細窺探，並且因一國兩制產生之憲法問題，現有歷史記載仍有參考價值。內戰之前數十年內，有南方奴主之所僱偵探，在北方緝捕亡奴，表面看來符合憲法之含義，而北方人士則指其違反北方州法，可判之以綁票罪。又有黑人之海員，在北方爲各州公民，隨船往南方港口時竟爲當地警察拘捕，因當地習慣自由行動之黑人均可視作亡奴也[11]。如許之爭執重見疊出引起感情激昂，顯然的與1861年內戰爆發攸關，終至一國兩制全面破裂。

下面我要提及荷蘭，在歷史時代裡且要倒退一步。十六世紀及十七世紀荷蘭民國崛起與歐洲舊體制抗衡的時候，她將聯邦制的一個觀念發揮得徹底，以後對內外之影響至爲深鉅。她的作爲也可以視作將一國兩制之原則，伸展到極端的一種表現。

荷蘭民國於1581年宣佈獨立，當時參與者七個省（其實荷蘭爲七個省中之一省非正式國名，今則十一省）。這些省區曾未受統一，而強有力之中樞統治。十五至十六世紀曾有兩次由王室作主，希望將各省管制加緊。第一次的企圖半途而廢，主持者布根底大公爵號稱查理冒失者戰死他鄉。第二次企圖由西班牙國王菲力浦第二主持，因之而激成獨立運動[12]。

在背景上「低地國家」包括今日之荷蘭、比利時、盧森堡，向來是各不相屬的公國郡國主教區的統稱，在十六世紀共十七個單位。傳統上地方分權的痕跡顯著，各市鎮自治的程度超過遠近的政體。

布根底王室希望在德法之間構成第三個王國，曾將此十七個單位因聯姻遺傳合約等等方式全部納入轂中，一時將統轄的領域從瑞士西北角連串而至北海，於是召開全體議會商討全面抽稅事宜，又成立統轄各地區最高法院，用羅馬法作根本，以拉丁文爲官方文字。當地居民對種種措施表示不合作。他們曾未承認查理大公爵爲國王，他不過是一個貴族，一身而兼各地的爵祿，各地的習慣法依然有效，全體議會也無權全面抽稅。如果大公爵要增稅，倒先要與各省的議會個別商量。

假使僵局如是維持，以下發展無從臆度。只是查理於1477年戰死，布根底解體。查理的女兒瑪琍，芳齡二十，無力應付內外難局，十七個公國郡國的紳商領袖乃向女大公爵提出一項文書，世稱「大特權條款」，與英國大憲章比美。內中維持各處地方自治之特權，尊重習慣法，都有詳細的記載，甚至女大公爵本人之婚姻也要屬下諸市鎮同意，瑪琍全部受納。

菲力浦第二也出自查理及瑪琍之苗裔，只是因著歐洲王室聯姻結盟等辦法至此統領低窪國家，而又實爲西班牙國王。當他施用宗教法庭的辦法在低地國家執行大審訊，以便加強管制的時候，當地居民相安於地方自治至此又將近一百年。菲力浦之高壓政策引起全民武裝抵抗，戰事前後綿延八七年，在過程中荷蘭獨立。

在這長期鬥爭之中新教的喀爾文派爲荷蘭抗戰人士發生了團結的力量（因爲菲力浦的大審訊以天主教堂出名）。作戰期間奧蘭奇王室的維廉寡言毀家紓難，自己被西班牙國王刺死，兒子又繼續著領導作戰。荷蘭人是否應以喀爾文派的革新教堂爲全國教堂以代替天主教？又是否應當崇奉奧蘭奇王室？

可是要採取以上之途徑，卻又辜負了抗戰的宗旨。上面已經說及荷蘭人鋌而走險，其目的在保衛地方分權。七個省區聯合作戰，在於維護各別的不同之處及地方之個性。要是有全國統一的教堂，或者掌握全境之王座，那豈不是和自己作對？一場辛苦所爲何來？

革新教堂曾召開全國會議，也一度主張統一教義，可是只做得虎頭蛇尾，到頭仍是缺乏全國體制。各處的喀爾文派各自爲政[13]。各省大致上依成例選奧蘭奇王室之王子一人爲總督，但未曾承認此官銜或地位可以不由選舉而世襲，有時甚至任總督位置空而不補。

且有七省中之五省任奧蘭奇王子爲總督，而其他二省則以其從兄弟爲總督之事跡。荷蘭民國政體之連續性，由所謂「攝政階級」者所保持。他們約二千個殷實的家庭，長期掌握著各省議會[14]。

稱荷蘭民國在十七世紀的情形爲一國兩制，還沒有把她當中的情形描寫得清楚。一位英國外交官在世紀之後期寫出的報告，稱這國家不僅是七個獨立主權的國家所組成的邦聯，而且七個單位中尚有不少市鎮保持著獨立自主之風格，荷蘭之海軍由五個海事樞密院分掌。荷蘭東印度公司由六個廳構成，每個代表一個不同之城市。迄至十八世紀中期荷蘭之郵政尚在各市鎮管理之中。

這個新國家無外務省，亦不設外交部長。外國人士若要洽與全國有關之事，須向全國議會接洽，在一個時期內荷蘭省堅持有和外國訂約之權，不受聯邦約束[15]。

今日無人建議任何國家將一國兩制的原則，貫徹得如是之徹底。而且荷蘭人保持地方公權之自由，不是沒有付出代價。荷蘭省內尤以亞默士特丹市內之民國派和奧蘭奇派之長期對立，即使政治經常不穩。後者代表傳統權威，也代表內陸利益，有人稱之爲保皇黨[16]。

荷蘭人之長處則是力求實用，不顧外界之觀感。中國官僚經常設計著冠冕堂皇的政府機構充滿著對稱與均衡，而其實則是閉門造車，與現實距離遠。荷蘭人則不急於消毀已經行使見效之事物。

然則荷蘭絕非只保守不創造。他們在建立聯邦制的理論與實際，最初之國際公法、證券交易、銀行業務，而尤其治水各方面，以及造船業都對新世界有長遠之貢獻。

我最後的一個例子將提及十七世紀之英國。在司法制度裡區分著「合法的法制體系」與「衡平的法制體系」，當然也屬於一國兩制。這不由於當日創造，而是長時間瓦世紀所積累之結果。只是內戰期間兩者衝突顯著，一方面議會派高呼普通法至上，維持衡平法的則又提倡國王之特權，於是涇渭分明，直到光榮革命前後兩種體系才融合調和。

這兩種體系之衝突並不僅見於英國。商法與民法不能融合早已有之。我們都知道英國首先以領事裁判權加諸中國，很少人知道在宗教改革之前，義大利人在倫敦也享有治外法權。如果義人彼此間有法律上的糾紛，例由他們的領事根據本國法律審判。只有一方牽涉到英國才開混合法庭。其原因乃是當日英國法律尚未趕上時代，不能適用於地中海沿岸諸自由城市國家的商業習慣[17]。

普通法與衡平法在英國構成一國兩制，因後面有兩套法庭支持它。普通法在諾門人征服英國不久之後即已開始。諾門人作事有條理，在他們君臣經理之下，有系統的保存了一套法庭審案之紀錄。這些成例，對以後的訴訟有束縛的力量，積時愈久，愈帶硬性，有等於以前未做之事，以後統統不能做，甚至程序上亦不能圓通，這在現代社會展開，人與人之間交接頻繁，社會上之爭執也愈多，而國家本身之行政能力尚待擴大之際，過去農村社會之習慣法，承襲於封建體制之一成不變，當然有不合時宜的地方。可是普通法法庭，包括普通民事法庭、王座法庭，以及財政大臣法庭礙於舊規，不容自作主張[18]。

衡平最初並非法律，只是一種公平合理的觀念。也無尺度可憑，起先必被人視作漫無條理。宜由宮廷牧師法庭額外開恩之施行一二。因爲宮廷牧師主宗教之事，又與國王近，接應能照國王之良心判案[19]。在普通法不近情理，或無例可援不置可否之際，有匡正的功效。此例一開，以後有若干衡平法庭出現，亦有依藉國王之特權，稱特權法庭者。至都鐸王朝時爲盛。宮廷牧師法庭有如前述，迄到十七世紀已不可缺，因爲此時普通法之缺點更爲暴露[20]。所謂請願法庭者則隨國王輦駕出巡。國王特權法庭首有星房。星房爲樞密院內棟上繪星之房室，用以審判刑事。亦因新世紀武裝暴動侵害良民之事愈多，爲舊世紀之未有，普通法所予之懲罰，過於寬縱過於遲緩，星房接受此類案件，初謂之「刑事上之衡平[21]」。以後被視爲國王不用普通法而用特權視事之機構，在斯圖亞特王朝內，星房法庭濫用特權，加酷刑於政治犯，激起反抗。高級委員會法庭亦屬特權法庭，專審訊宗教之事。然都鐸王朝執行英國之宗教改革以來，國王成爲英格蘭教堂之首長，於是授權高級委員會管理宗教之事。在斯圖亞特王朝此法庭激怒淸教徒，同樣不孚人望[22]。而在此時期財政大臣法庭亦漸遷就環境，局部施用衡平原則[23]。

此兩種法庭判案時可能相差甚遠。而尤以觸及現代商業時爲顯然，有如普通法習慣之下，遇有典當，借方立即將作擔保之產業割與貸方，所借逾期未還業歸貸主，借方無從稱有贖當之部分權益。凡合同有違約時，其賠償只及於被害者實際之損失，當中失去作生意之機緣或其他不便，不得計較，而且賠償須待一段等候期間，一般爲七年。又有動產之遺傳甚成問題，在普通法之法官看來，凡人對可能腐朽之物品稱有終身享有權，已屬離奇。而尙稱可以傳之子孫，更爲荒唐。此外普通法對於現代商業習慣如破產，股份經營，合資租船均無適當處理辦法。又對於風險，過去虛冒等等情節亦須待衡平補救[24]。

以上兩種法制之衝突，尙只產生各種不方便之處。而十七世紀議會派及普通法法理家，反對國王濫用特權，恣意懲罰異己，不按成例妄自徵稅，更是掀動全國。此中是非歷來意見分歧，法制史家普勒克雷特曾作如是說：

> 當王室擬將中古之機構施用於現代國家之際，財政危機引起一連串之法制問題。於是產生了冗長的爭執，涉及募捐、強迫借款、關稅、封建常例、造船費等等。國王與議會彼此都說引用中古成例。反對派自然的集中於下議院，此間財政危機構成了憲法危機。議會派以普通法之法理家作顧問。他們所稱在數個案件內引用特殊權利，顯然的有虛飾假借的地方[25]。

其癥結在時代業已改變，而兩方之爭執，仍以爲過去之事可供憑藉。當他們互相將過去之事解釋得對自己有利的時候，英國法律上的一國兩制之裂痕只有加深。當反叛臨頭的時候，淸敎徒被鞭撻，異議派罰帶枷，至少有一個散發違禁傳單的人物被懲將耳朶割去，面上黥字[26]。於是激成的高度情緒，造成了英國一個　世紀在動亂之中的氣氛。因之有了內戰、弒君、革新爲民國，實驗以克倫威爾爲護國公，因無成效又復辟等等情節。直到十七世紀末葉，才成定局。

其所以如此，乃是1660年復辟之後，而尤以1689年光榮革命之後，英國之上層機構業已更新，議會至上，成為了今後原則。國家之公債也成了一種制度，免除了國王人身上對國家財政負責的需要，一種人權法案，在此時公佈。迄至世紀之末，關於王室之繼承，也製成法案。

內戰期中和之後，英國社會之下層結構也有了確切的變化。戰前的「副本產業人」原為封建時代跟隨著領主的種田人，在新時代裡既不配為自耕農，又非佃農，在內戰期間前後他們的身分逐漸被澄清。又因為長期的干戈擾攘與政變，強者佔先，弱者引退，土地領有整個的規律化與整體化。於是土地問題剔出了中世紀的含糊，逐漸可以引用現代的管制。此時圈地的辦法仍在進行。只待新世紀土地領有更有頭緒，於是付費公路的修築廣泛的展開。從此內陸與沿海的距離縮短，全國經濟構成一元。法制上的一國兩制可以放棄[27]。

事實上特權法庭之星房，及高級委員會法庭在內戰前一年，即1641年裁撤。宮廷牧師法庭則仍繼續。而且普通法法庭也隨著變更成例，在引用衡平的原則，將典當、破產、欺騙、股份合同、女子繼承多方面採用新式商業社會的辦法，衡平的法制體系原無成例可循，積時既久，它也產生成例。馬秋·赫爾爵士在民國時代為高等民事法庭法官，復辟後依舊仍職，他至此聲稱，衡平法不過普通法之一旁支。1689年約翰·賀爾特爵士任國王高等法庭首席法官，他決定以後判斷與商人有關案件憑商業習慣辦理[28]。這樣一來內戰之前同情議會派人士所謂「普通法獨一而至上」，才可算名副其實的做到。

我們可以注意的乃是英國人尊重習慣法，以上的改革，不出於行政機關之通令，也不由立法機關起草，而是逕由法庭審查的辦法。研究十七世紀的專家喬治·克拉克爵士說：

> 司法衙門與法庭不斷的工作，除了幾個月之外，用法庭的裁判去樹立法規的情形總是在進展之中。相反的，法律改革的呼聲雖高，但是危機一發生縱在最革命的關頭，有關土地〔的買賣典當占用等〕及商業合同各事卻連一樁立法也未完成[28]。

這樣我們可以看到，英國到此已進入現代的階段，她已經能夠全部以數目字管理，過渡期間之一國兩制因之被淘汰。

從上面四個例子看來，一國兩制並非設計者創製的花樣，而是自然的發生。它不是一種和諧爽快的局面。一國而兩制，必有尷尬的地方。但是分裂的情形既已發生，即無可避免，只有兩方諒解，從一國兩制做到一國一制。如果我們仔細觀察，其他國家進入現代化的過程中，也都可能有一國兩制情事，不過其表現不明顯罷了。歷史專家曾指出日本明治維新之後對農民生活甚少顧慮，雖無一國兩制之名，但是農民沒有分攤上新增之財富，先後受到經濟蕭條通貨緊縮之逼迫。可見得其國家制度，牽涉到財政稅收預算，甚至公民表決之權利，必有袒護某方，扣剋他方之情事。最後只有使問題外界化，發動侵略戰爭，終受玉石俱焚之浩劫。所以戰後日本領袖竭盡全力對此事特別關注，以消除城市與鄉村間之隔閡。

前面已提到將歷史上一人一時一事任意抽出與現局比較之不當，可是我們如將地跨東西，縱橫幾個世紀的例子綜合起來，卻仍可不待研鑽得到若干啓示：一國兩制由於內部經濟不平衡的發展而產生，通常免不了地理因素，也有歷史性格。戰爭甚難解決此類問題。因戰爭通常將局勢改變，而構成新問題，也通常出於交戰者意料不及和操縱力之外。

對中國講以武力統一更無庸議，一則中國內戰再開牽涉廣泛，很難不擴大而爲國際戰爭，其情勢不堪設想。二則現今中國大陸與台灣香港之經濟均在互相提攜，並無互相侵害嫉視之情事。

在這情勢之下我們更要猛省到現代人之經濟性格，和現代管理注重數目字之先決條件，有了這樣覺悟，必能接受歷史之仲裁。意識型態只在歷史前端有用，大凡革命初起時，局勢未見明朗，標語與口號爲動員之利器，及至革命成功局勢澄清，則當著重歷史之教學。抽象之爭執已無意義。我們需要定出數學公式，並且提供眞實之數字。對中國講造成獨立之司法制度爲不容再緩之舉，外界之經驗可供參考，外間之人才亦不妨借用，局部問題應在下端解決，只是保存檔案尊重成例至爲重要。以今日計算機之方便，今人之作爲不當不及前人。

註　釋

①Edwin O. Reischauer & John K. Fairbank, *East Asia, the Great Tradition* (Boston, 1958), pp.183－185.

②關於租庸調的解釋，歷來考證的結果意見分歧，這裡只概示與其他稅制最大不同特點參見 Denis C. Twitchett, *Financlia Administration under T' ang Dynasty* (Cambridge, 1963) ,pp.24－27.

③契丹與女眞對華北戶口的管制之概況，見《遼史·兵衛志》所敘「蕃漢轉丁」及「五京鄉丁」及《金史·食貨志》內所敘之「猛安謀克戶」。

④Herbert Franz Schurmann, *Economic Structure of the Yuan Dynasty* (Cambridge, Mass., 1956), p.3,60.

⑤三人整理財政情形除《元史·姦臣傳》提及外，尙參見〈世祖本紀〉，又注意〈食貨志〉述及「世祖立法，一本於寬」及「至元十九年用姚元之請命江南稅糧照宋舊例」各節。趙翼在《廿二史劄記》裡則稱過失在忽必烈本人。

⑥王安石新法失敗原因曾在我所著《赫遜河畔談中國歷史》(台北，1989)頁24。至二四七裡提及。引用《宋史》頁次載《放寬歷史的視界》(台北，1988)頁70之註釋內。

⑦ Alfred H. Kelly & Winfield A. Harbison, *The American Constitution: Its Origin and Development* (New York, 1948), p. 359.

⑧Dwight Lowell Dumond, *Anti-Slavery: The Crusade for Freedom in America* (Ann Arbor, Mich., 1961), p.36.

⑨Ibid., p.46.

⑩以上標準美國通史大都均已提及，另詳 Kenneth M. Stampp, *The Causes of the Civil War* (Englewood Cliff, N. J., 1959), p.44.關於內布斯加法案可參見 Edmund Conrad Smith, *The Borderland in the Civil War* (1927), p.44.

⑪Kelly & Harbison, *The American Constitution*, pp. 354–376.

⑫荷蘭獨立之背景可參見 Henri Pierne, *Early Democracies in Low Countries* (New York), 1963, Bernard H. M. Vlekke, *Evolution of the Dutch Nation* (New York, 1945), A. J. Barnouw, *The Making of Modern Holland* (New York, 1944).獨立戰爭之前後，經過可見 Geoffrey Parker, *The Dutch Revolt* (Ithaca, N.Y., 1977).我所著《資本主義與二十一世紀》(台北，1991) 內有關荷蘭之第三章亦有摘要。

⑬Emile G. Leonard, *A History of Protestanism*, trans. by Joyce M. H. Reid (London, 1967), pp.254－259；Herbert H. Rowen, *The Low Countries in the Early Modern Times* (New York, 1972), pp.114－115.

⑭Parker, *The Dutch Revolt*, p.244.

⑮Rowen, *The Low Countries*, p.214；George N. Clark, *The Seventeenth Century* (New York, 1961),pp.55,88,92,119.

⑯荷蘭民國與奧蘭奇王室關係，可參見 E. H. Kossman, *The Low Countries*, 1780－1940 (London, 1978),p.21,34.

⑰M. M. Postan, E. E. Rich & Edward Miller, ed., *The Cambridge Economic History of Europe* (Cambridge, 1963), Vol.Ⅲ, pp.102, 117.可是領事裁判權似相互交換，英國商人之在義大利者亦受本國領事裁判，見 E. Lipson, *Economic History of England*, 11th ed. (London, 1956), Vol. I, p.590.

⑱在此段的解釋我甚爲倚靠於 Theodore Plucknett, *A Concise History of the Common Law* (London, 1956).此外 Edward Jenks, *A Book of English Law* (Athens, O., 1967) 則甚爲簡短。除開此二書之外，目下只有百科全書提及，再作深度研究恐只能涉獵法學專著。

⑲這是一般的見解，他普勒克雷特不以爲然。見 Plucknett, *A Concise History*, p.180.他認爲最初普通法庭亦間常施用衡平原則，至十六

世紀才有兩方之對立。

⑳Plucknett, p.195.此段特指欺騙舞弊情事。

㉑Plucknett, pp.181－182, 676.

㉒Plucknett, pp.185,197.

㉓Plucknett, pp.185－186.

㉔Plucknett, pp.607－609,677,690－691；Jenks, pp.258, 269－270, 285.

㉕Plucknett, p.191.

㉖此人爲 William Prynne.注意普通法無此刑罰。

㉗英國土地問題歷來爭執極多，此處只指土地領有之整理，不計領有人社會背景，見 Joan Thirsk, ed., *The Agrarian History of England and Wales*, Vol. V. Pt. II（Cambridge, 1985）, pp. 144－145, 147,149,153,163,171,198－199.

㉘Plucknett, pp.246, 692.

㉙George N. Clark, *The Wealth of England from 1496 to 1760*（London, 1946）, p.114.

五、資本主義與廿一世紀

我主張以歷史替代意識形態，無意爲前人洗刷，而是減輕下一代的負擔，使他們確切看清當前的道路。

1. 資本主義

缺乏適當之定義：

此名詞最先引用者似爲 Louis Blanc，以後經過 Pierre Proudhon 和 Werner Sombart 引用，Adam Smith 未曾提及。馬克思在《共產主義者宣言》稱「資巷家時代」(Capitalist Era)，在《資本論》稱「資本體制之憑藉的根本」(Kapitalischer Grundlage，近有人將此名辭譯爲資本主義)。但馬氏未曾引用英文之 Capitalism 或德文之 Kapitalismus。

Blanc, Prouhon 及 Sombart 對資本主義無好感，引用此名辭即有批評指責之意。

以十九世紀之名辭述及幾個世紀之前的事蹟，也與今日之情形隔閡。

本世紀初期猶爲一個「壞」名辭，一般人認爲全世界經濟不景氣，多數人失業，應由資本主義負責。僅在東西冷戰之後，成爲一個「好」字眼。

陶蒲的三種學派：

劍橋大學講師陶蒲（Maurice Dobb）著有《資本主義的展開之研究》（*Studies in the Development of Capitalism*）書中將研究資本主義之著述分爲三派。 第一派認爲資本主義一行，工人出賣勞動力，對製成品無權過問，此即馬克思學派，陶蒲即自稱其本人亦屬此派。第二派注重資本主義之精神，Max Weber 正面褒揚此精神，Sombart 反面譏諷此精神，同屬此派。第三派注重資本主義之技術性格，資本主義與遠距離大規模之商業不可區分，資本主義一行，批發商開始管制干預到零售事業。

怎樣處理中國之情形：

我們覺得以上三派的解釋，不論其本身的價值，總之就不適用於中國的情形。中國固然無西歐近代靈活之商業，其商業又較歐洲中世紀之封閉情形爲優勢，其工人不能過問製成品，早已有之，但未產生資本主義。Weber 認爲儒家倫理即阻礙資本主義之發展，亦爲太過。孔子自己即對冉有說，衛國旣已「庶」矣，則當「富之」然後才「教之」，僅在「不義而富且貴」之條件才視之「如浮雲」。至於第三派說以 Fernand Braudel 爲表率，但 Braudel 無系統，古今中外，一切同時都來，以致把中國之湖南解釋爲一個「沿海之省份」，中國在1640至1680年間，卻給「蒙古人征服」（時在清朝順治康熙年間）。

我們的假說：

我們用歸納法不用演繹法，重綜合，不重分析。譬如馬克思提及初期資本主義存積資本時注重販賣奴隸，用佔領征服的力量，事誠有之，但是日本即未用奴隸，台灣最近存積資本也不用征服的力量。所以這些條件已不復爲我們提及資本主義時之共通因素（common denominators）。

我們的假說（hypothesis）：我們先認爲資本主義一行，資金廣泛的流通，經理人才不分畛域的使用，技術上的支持因素如交通通訊，法庭之律師的服務，以及保險業等全盤活用。此即 wide extension of credit, impersonal management, and pooling of service facilities。所以資本主義是一種組織和一種運動。以上三個條件全靠信用（trust），而信用不可能無法律之支持，所以資本主義之展開，各有國界，其所以行得通，亦即當中內部的各種經濟因素都能公平而自由的交換。如果一個國家做到這種境界，即可能「在數目字上管理」，所以資本主義也與金融經濟不可分離。

我們用此假說，推用到今日公認爲資本主義的國家上去，取其能全部適用。

2. 歷史上之衍進

威尼斯

中世紀教皇與神聖羅馬帝國爭權，義大利在兩方無力全盤掌握之下，產生了很多自由城市，都有進入資本主義的體制之可能，只有威尼斯做得最爲徹底。其他的城市，農業上的財富就與商人之流動資本有牽制衝突模樣，也引起親教皇派（Guelphs）及保皇黨（Ghibellines）之分歧。這些政治上的對峙，即妨礙經濟因素公平而自由的交換，又有些城市，公會的力量過大，也容易阻滯資本主義之發展。

威尼斯處在一個海沼之中，本身無農產，才兼魚鹽之利，儘力經商，又因海中鹹水不便製造，容易組成一種公平而自由交換的情形。對天主教與教皇的衝突，尤能置身事外，其商船即與海軍不可區分，用陸軍時則以僱傭軍（Condottieri）。因之其城市內組織簡單均一，有如一個大公司。在1400年之前，其特殊體制，已引起廣泛之注意，不少新時代商業法律與商業技術也由威尼斯首先提倡使用。

荷蘭

今日之荷蘭、比利時和盧森堡，在十六世紀分割爲十七個公國及侯國，過去無組織民族國家的經驗，實際上，整個地區有等於西班牙國王之家產。

1567年當地低級貴族不滿意於天主教堂崇拜之儀式發生動亂，其實西王正透過主教強調王權神授說，翌年國王派兵鎮壓引起全民反對，更引起荷蘭民族主義之抬頭，自1568年的事延續至八十年，至1648年之 Westphalia 和會，荷蘭民國才正式脫離西班牙而獨立。又因爲西班牙曾希望以戰養戰，曾在該地抽稅籌餉，更提高了反抗時之經濟性格，領導權也漸落入各地紳商手中，不少之製造者及技術員工，即向北遷移集結於 Amsterdam 一帶。

戰後新國家有大河流域的保障，無向大陸拓土之野心，過去地方自治之傳統強，於是銳意經商，向航海、捕魚、銀行業、保險業各方面發展，用聯邦制協調沿海區域及內地體制上之差異。因之我們以上所述資本主義之三個條件均能在新國家施行無阻。荷蘭農業又重畜牧而不重穀物之耕種也容易與商業配合。歷史上荷蘭之農業未爲工商業之贅尤，只有工商業發展之後，農業受其反饋，有增進治水、人造牧場等之便利。

英國

英國在十七世紀，以羊毛輸出爲對外貿易之大宗（佔75％至90％），其經濟受國際情勢之影響，更因爲商業交往頻繁，外交關係活躍，政府亟待擴充權力，如由國王作主，則爲君主專制，如由民間作主，則必產生代議政治。以當日的情形看來，其局勢也必由資本家掌握，只是時人無我們的歷史眼光，斯圖亞特王朝（Stuarts）君主，希望以宗教約束人民，只籌辦海軍，徵稅維持，引起普遍的反對，雙方都依成例爭執，其實局勢已展開至事例之外。

於是英國在十七世紀經過內戰弒君改爲民國復辟之後再經過光榮革命，至世紀之末期（光榮革命 Glorious Revolution，發生於1688－89年）一切方有頭緒。

這些動亂使土地所有較前明朗化，整體化，適合於金融經濟之展開。一方面以衡平（equity）補助普通法（Common Law），亦即引用商業習慣，以補助農業社會內習慣法之不足，至此也造成事例，因之農業上之財富才能與商業上之財富交流。

因爲，整個國家下端造成一種能夠充分公平而自由交換之局面，上端組織代議政治的情況才算成熟。1689年，議會通過權利法案（Bill of Rights）限制了國王之權力，使英國之君主立憲成爲事實。

資本主義之性格更因1694年英倫銀行（Bank of England）之成立而更明顯， 該行股東爲國家貸款一百二十萬鎊，既有公債，國王無須對財政以人身負責，也開借貸經營之門。該行既收政府付給8%之利息，又奉准發行如數之鈔票，此鈔票也可以受外貸出，於是兩頭生利，一鎊作兩鎊用，開啓信用膨脹（credit inflation）之門。

英國的例子，證明一個農業基礎相當穩固的國家，可以用數目字管理，亦即能以金融操縱，造成一種優勢之組織，以借貸經營，很多以前不能做之事業至此均屬可能。一到十八世紀，鄉村銀行（country banks），付費公路（turnpikes）普遍的展開，保險事業有了空前的發展，英國也不再遲疑，即以此優勢組織之壓力，加凌於尚未如是改組的國家之上。

資本主義的理論家包括 James Harrington, John Locke 和 David Ricardo 等都出自英國（內 Ricardo 祖先為荷蘭之猶太人）。

比較改造容易的國家

及至十八世紀局勢已相當明顯，歷史上之資本主義（我們注重技術性格，和意識型態上的資本主義有別），由小國家發展到大國家，由海中的國家發展到濱海的國家，從無農業基礎的國家發展到農業組織相當穩固的國家。威尼斯迄十四世紀人口無逾十萬人，荷蘭在十六世紀，人口只一百五十萬。英國在十七世紀，人口由當初之四百萬增加至六百萬。馬克思在《資本論》裡說及，初期存積之資本，亦由威尼斯至荷蘭而入英國。

可是經過各段改革之後，各國的實力，打破了國際間的平衡。

以後的改造，也便利於海洋性格的國家，而不便於具有大陸性格的國家，便利於地方分權的國家，而不便於中央集權的國家。

美國以英國已經實驗成功之體系，加於一個空曠地區之上。很多的州自始即無使用衡平法與普通法對峙的局面，兩種法律，最初即已融合。由東部向西開發時也採用資本主義之方式，即整體的借貸投資，由大西洋海岸進展到內地。

德國在十九世紀統一之前，分爲三百多個小單位，神聖羅馬帝國有名無實。普魯士在弗烈大帝時（十八世紀之末）即已注重對外貿易，由國家主持。統一之過程中，也利用經濟之力量，如使用關稅同盟（Zollverein）。所以有人稱俾士麥之成功，乃是「資本主義擁他上馬」（歷史家 Bohme 及 Maehl）。

日本在德川幕府之末期（十八世紀至十九世紀）分爲二百六十五個「藩」，各藩主稱「大名」者有在所轄地區內財政權及經濟權，其剩餘之穀米又由「藏元」（Kuramoto）主持，在大阪及江戶（東京）發賣，是以組織全國市場之因素在明治維新之前均已存在，亦即已構成一個近於在數目字上管理之局面。

改革困難的國家

法國在十八世紀上端中央集權，下端又未經過整理，只是重樓疊架，以國王派出之省長（Intendants）與各地貴族及神父各掌握地區之一部，不僅犬牙相錯，而且職權交搭，整個無法在數目字上管理。

是以大革命流血不已，非經過整個的全面破壞，無從創立新體系。

新體制係無中生有，重新創造。由國民會議（National Convention）之公衆安全委員會（Committee of Public Safety）造成上級威權，由 Danton 開始，落入 Robespierre 手中，在熱天反動（The Omidorian Reaction）之後，曾一度由 Sieyes 及 Barras 出掌，由他們交與拿破侖。

法國之低層機構也整個重創，貴族與教堂之土地一律出賣，造成新的中層階級，重新劃出省區。

上下間之聯繫則由國民會議派出督導員至各地執行，監視物價與工資之管制（maximum），及動員支持對外戰爭而產生新體系。迄至十九世紀拿破侖頒佈新法典才有著落。

最近法國歷史家已承認大革命推行了歷史上之資本主義（如Lefebvre, Furet, Soboul），可見在革命期間已有共產主義者出現，如Babeuf。

從歷史上客觀的分析，中俄兩國所提倡之共產主義與馬克思所謂的共產主義有了絕大的區別。

馬克思之共產主義係資本主義發展到絕頂後之改進，姑不論其是否實際，已與經濟組織落後之國家，不相關聯，馬克思在《資本論》裡提及中國十次，倒有七次與印度並列，其他各次，亦只提到中國落後退步之情景，曾未有超越過資本主義之體制，直接進入共產主義社會之主張，所以我建議提及中俄兩國最近幾十年情形，通以戰時共產主義（wartime communism）看待。

3. 因資本主義而產生之戰時共產主義

從以上情形看來，只要一個國家對外能獨立自主，對內打破防礙公平而自由交換之故障，此國家應立即可以在數目字上管理，而實際卻又不然。如俄國及中國，大陸性格濃厚，工商業無從迅速的伸入腹地，如立即將億萬農民解放，可能釀成治安之問題。

在這些國家初期存積資本亦至為不易，馬克思提及先進國家，販賣人口，使用奴工，以戰事掠奪，強迫賠款，至此已不能實用，而向外移民以減少人口之壓力（如德國瑞典工業化時）或由外方借得巨款資助亦有困難，於是只有執行戰時共產主義。

名義上被解放之農民，可以編入公社之中，帝俄解放穡夫（Serfs）時於1861年開始組織公社。以後蘇聯與中國亦抄襲其體制，一方面解決了治安及管制的問題，一方面亦遂行初期的存積資本。如果資本主義著重公平而自由的交換，則戰時共產主義執行強迫性的集體交換，因其不顧成本及利潤，亦無人身上之自由，只能在戰時或防戰之環境氣氛中執行。中俄兩國遂行此種體制時均向外隔絕數十年，或保持極有限度之接觸。

從技術之角度看出，戰時共產主義，亦仍在因襲資本主義之技巧，有如資金之流通，則全部由國家計畫的分配，所以能不待時間之成熟立即進入重工業及高等科技（與軍備不可區分）。經理人才不分畛域的利用，則代之以官僚組織，職務亦由上級指派。技術全盤活用更不成問題。許多法律上之糾紛，及破產保險等項尚可以略去不用，因其無私人之權力義務混雜其間，全部歸公，可以馬虎將就。

此種體制以及單位之大稱著，如蘇聯之集體農場，大至五十萬英畝，水力發電，拖拉機站亦已龐大稱著，在短期內迅速存積資本，其成效非不顯著。斯大林即以此組織打敗希特勒，中國亦在人民共和國初成立之三十年接收到「農民總貢賦」達六千億元以上（應值 US＄200－300 billion）。今日中國之國家資本及公眾資本由此強迫節省而產生。

可是此非永久體制，而且一切企業不顧成本，不計損耗，無從持久，尤不能與外界競爭。一旦備戰之氣氛消散，其組織與士氣都難維持。

4. 廿一世紀之展望

在共產國家之內，中國爲首先放棄戰時共產主義的國家，1969年中蘇邊境衝突之後，蘇聯即準備對中國使用原子武器，後因美國反對作罷。事後引起吉辛格及尼克遜之訪華，中國與西方之隔絕自此消除。1978年白茲涅夫又與越南訂有攻守同盟條約，次年中共即出兵越南，以打破其包圍之威脅。有了這次軍事行動，戰時體制更不必要，於是裁軍百萬，全面放棄戰時共產主義體制。可是名義上「早打，大打，打核戰爭」的宗旨，遲至1985年才由中央軍委擴大會議正式放棄。

有了以上的發展，我們可以放膽寫出講出，中國一百多年來的長期革命旨在從舊式農業之體制進入新型的商業體制，使整個國家可以在數目字上管理。至於稱之爲資本主義或社會主義已無關宏旨。

被馬克思指責之資本家時代及資本體制，今日已不存在。例如馬、恩在《共產主義者宣言》內提出之改革，包括強迫義務教育，累進所得稅制在西方各國內早已司空見慣，再因著戰時共產主義之逐漸解體，我們已無庸顧慮及極左及極右之立場。

中國以人口之衆，內陸疆域之廣和舊有體制之堅韌頑固，能在一百年左右，組織這樣的改革，不失爲劃時代之壯舉。我近年所著書即強調國民黨與蔣介石因著北伐與抗戰替新中國創造出來一個高層機構。中共及毛澤東則因著土地革命翻轉了低層機構，今後中國之當前急務爲敷設上下間法制性的聯繫。在此工作中，香港人士應當有機會提供實質上的貢獻。因爲英治下之司法獨立的體系應當於1997年之後高度的發生功效。

我主張以歷史替代意識形態，無意爲前人洗刷，而是減輕下一代的負擔，使他們確切看清當前的道路。

我們不要忘記，即使中俄兩個大國明日全部都能用數目字管理，全世界尚有一半左右的人口，不能在數目字上管理。他們尚以宗教與社會習慣之名義，阻塞各種經濟因素之公平而自由的交換。

討論部分

（記錄整理：郭希寧）

問：到底甚麼是「可以在數目字上管理」？

答：數字管理也可稱爲經營上的管理。在一些社會中，許多事情不能通過金錢、金融的方式來管理，彼此的關係不能以金錢、資金等數字化概念來描述，這就是不能用數字管理的社會，如中國明末的農業社會。印度農村社會也是如此，不依金錢交易關係，而按照族姓制度，以族姓分工來授理。現今世界上不少地區，將社會習俗與宗教溶爲一體，實質宗教式的授理，如印度教流行的印度社會，回教的中東和北非社會等，也都屬於不能實行數字管理的社會。欲實行數字上的管理，必須廢除特權、社會隔絕等情況。中國目前已具備數字管理的條件。

問：中國可以走上數字管理之路嗎？

答：中國的私人資本正朝著較大比率發展，只要這種趨勢繼續下去，就可以走上數字管理之路。

問：讓不同的社會達到同樣的發展結果，可以說是一種理想的境界。您在分析資本主義特徵時，已指出多國多地區不同的社會背景。它們是否都能夠走上同一的發展道路呢？

答：我相信可以。因爲當今世界上的大問題需要所有國家一起去解決，不可能只是一部分國家參與。當所有國家連過去共同參與實現出公平交換時，便都可以由數字管理。那時大家遇事才有條件互相折衷，不以意識形態作為取向，不由當政者的意志左右，而是由數字管理解決。社會主義和資本主義都趨於溫和，最終走上統一的途徑。

問：在你看來，資本主義與社會主義有何區別？

答：從技術的角度看來，並無區別，兩者都要廣泛的展開信用，使經理與所有權分離，而且將技術上的支持因素全盤活用。如果此中以私人資本為主體，則私人資本在公眾生活中佔有特殊之比重，此體制可視為資本主義。如以公眾資本為主體，則為社會主義。這只是比較性質。

更且資本主義之體制中也可能帶有社會主義之性格。比如說，我家裡已無小兒上學，但是每年仍擔負一千多元的學捐 school tax，所以低貧下戶人家的孩子，也不問一家一個孩子或十個孩子都可以同等上學。我們說私人財產權利不是一個絕對的因素私毫不能接收社會義務的。

問：你看實行一國兩制有無困難，有何方法可以解決？

答：因為一切是試行，一定有困難的。

現在目下的困難：一方面是名辭上的混淆，所以我們儘量的設法澄清，一方面則是雙方缺乏互信。我和此間朋友談及，你們怕他們，可是要知道北京方面也怕你們。如果你們這方面動輒戴上東洋式的頭巾（聽衆笑）遊行示威，一來就是十萬百萬，他們也不安心的。

所以增強共識與互信，極爲重要。

問：公平自由交換的道路和「四個堅持」的關係如何？

答：中國有百分之二十的人不識字，走上公平、自由交換的道路尚需要時日。以我私下看來，中共應取消黨名中「共產」二字，最好改名爲「中國人民黨」，這將有利於在今天的歷史條件下團結國人。我對失去時效的標語口號沒有信心。不過這是我私下的看法。我不願使國內的當政者爲難。

問：社會主義國家要發展、改革，是否都需要資本之條件？

答：我認爲所有國家欲求發展都需要達到資本之條件。蘇聯如此，中國大陸也如此。中國農民幾十年來已爲國家貢獻了六千億元人民幣的資本。不論社會主義還是資本主義國家，都必須達到資本之條件，才能完成技術上的轉變。對這個問題談意識形態是沒有用的。

問：現在中國社會的運作包括很多因素，有的並不需要，有的應予保留。你認爲須保留的是那些？

答：外間可借鑑的經驗教訓不少。如美國人辦事只重視短期牟利，不注重研究工作，長期下去是會遭到損失的。我的目標是造成健全的結構、系統體制。在這個過程中許多近期內不賺錢的事仍要去做。我是從長遠觀點來看資本主義發展的。

附　錄：

如何修訂他的歷史觀

要是自己的立場尚未看清，如何斷定人家的出處？要是對本世紀業已發生的事業尚無具體的交代，還不敢承認它們在歷史上的長期的合理性，如何奢言對付下一個世紀的未來世界。

他們說得對。他的作品不守學院規律。所用次級資料也欠詳盡。但是書評人沒有道出，這些缺點，不是無心之錯，或一時鬆懈，而是存心有意如此。

他缺乏的是有些人奉爲正宗的學院規律，因爲他有他自己的標準在。他用參加《劍橋中國史》、《明代名人傳》和《中國科學技術史》的經驗來獨創門面。他希望替中國學人開創一條新道路。

六年之前他即寫出：今逢中國歷史與西洋文化全面的匯合「五百年無此奇遇」。最近他又公佈了一些費正清教授給他的信件。大都今日他所受批判，二十多年之前費先生即已提出，他那時即不願接受，因之他著書不能在哈佛出版，只能悄悄的寄去劍橋付梓，從此產生了不良的人身關係，他引以爲憾，卻不後悔。

中國動員了三百萬到五百萬的兵力，以全國爲戰場，在統一的軍令之下和強敵作生死戰八年。這樣的情形，已是洪荒之所未有，即在世界史裡也難找出類似的事例。接著又經過一番土地改革，其規模之大也超過隋唐之均田。今日已有人建議於三峽築壩之後，截長江之水北流。不論我們贊成與否，我們無從忽視後面有龐大的群衆運動在。這些情形逼著我們對中外的歷史重新考慮。

所以他用的是歸納法，而不是演繹法。重綜合而不重分析。這當中千頭萬緒如何一齊收納得了？於是必有選擇。他用的資料以能針對今日局勢作論斷的爲主體。其他雖是昨日之經典，他只因其參考價值稍一提及，而無意以小衡大，以靜制動，以過時之威權否定切身親眼看到的事蹟。

最近他由香港回來。四十多年前他也曾一度經過香港，當日英人君臨此間的徵象還非常濃厚。米字國旗觸目可見。穿短袖短褲之軍警也絡繹道路，今日這種情形已相當的收斂。刻下的報紙還在可惜最後的一位總督，缺乏政治上的前途。他又看到九龍公路上的小型貨車，自深圳方向運來工業原料有如木條木塊，毫無國際貿易模樣，只像城市之店鋪向鄉鎮掔取品物。也可見得兩地經濟之整體化，並非虛語。還有此地大亨，在週末往大陸去打高爾夫球，因香港山高水深、地狹人稠，無此方便也。再有此地投機者，在廣州、深圳一帶炒買地產，去年獲利高至百分之九十七。報紙上的廣告也以廣州郊外的樓房公寓佔滿篇幅。

他慶幸自己寫資本主義的專書，在此時出版，對這名辭的看法，有了大幅度的修訂。他重視技術上之因素，亦即資金廣泛的流通，經理人才不分畛域的僱聘，和交通通訊保險事業的全盤活用，換言之，亦即信用普遍的展開。若非如此他即無法對今日在香港深圳廣州之所見置喙也。

韋伯談資本主義注重上帝之呼喚，他的英雄人物是富蘭克林和巴克斯特，均十八世紀以前人物，馬克思重階級鬥爭，其師祖出自巴波夫，也在法國大革命時顯身。這些人物與題材與今人相去過遠。歷史家企圖保存資料之完整，細磨細琢的考證此類人物與題材，非無用處，但是那不是他的著眼。他的專書以二十一世紀標在書皮，對以上各人只略爲提及，確未視之爲正宗。

在回程的飛機上他看到《新聞周刊》的日文版，報導鄧小平南巡的情景。文內以「不能毀滅之男子」，「最後的一次長征」和「紅色的資本主義」等辭句號召，還用了上海之購物市場所裝自動電梯的照片作陪襯。可是回美之後，他卻不能在同雜誌的英文版看到類似的報導。

可見得即是新聞報導，也視讀者的背景而左右。其實歷史讀物又何嘗不如此？只是對一般讀者講和下一代的青年講，應當注視中國人一百多年來奮鬥之成果。中國人占世界人口百分之二十二。如果一部具有世界題材之專書，不能把中國人的事蹟或正或反的歸納著過去，那就很難在下一世紀裡立足了。

更使我們猛省的，則是下一世紀去今不過八年。

他的書刊裡有一項常用的辭句：「可以在數目字上管理」。因之不時引起人質問：「甚麼即是在數目字上管理？」

可不容易嗎？台北有四十萬輛汽車，倒只有十七萬個停車之場所。於是有申請購買汽車者前來，當局責成先交出購有停車場所的文件，這樣就從一個不能在數目字管理之場合中，進入到一個可以在數目字上管理之境界。

然則實施起來，也並不是那樣的簡單。除非在最下端各人的權利與義務都有適當的安排，必有謊報與蒙蔽，其統計即無法落實。那又怎麼辦呢？如在專制時代只能由皇帝親下御旨：凡亂停車者斬頭示衆。於是御史大夫兼市長也確切的雷厲風行，抓著遭殃的開刀，一時做到汽車不復在街市阻塞。只是曾幾何時，卻又依然故我，嚴刑竣法敵不過事實上的需要。

類似的情景很多，凡是熟悉中國官僚主義的人不難道及。即借用台北的實事，予以誇張去描寫過去，不如人意的情形無傷。而且汽車代表外來的科技，與中國傳統社會格格不入更是實情。

大凡一個舊式農業體制的社會（以即不能在數目字上管理）進入新型商業體制，不能避免改造過程中的痛苦，這時候政府的權能必須擴大而非縮小。也要存積資本，才能談得上在數目字上管理，否則大家一片赤貧，又如何釐定各人之權利與義務，符合新時代的需要？

最初之難處即是不知如何下手。

他在國軍任下級軍官十年，就切身親眼經歷到許多事迹，確是書本上的知識所未及。例如說：滿清政府之收入每年無逾白銀億兩，大概一般只有八千九百萬兩。即在抗戰前夕之1936年，國民政府的預算也只有十二億元。以當日之三比一匯率計，只值美金四億，這是一個小公司的經營數目。況且抗戰期間國軍被驅入內地，當地所有之發電量只有全國百分之四，工廠數只有全國百分之六。如何生存？

簡單說來，即是苦肉計有之，空城計有之。軍隊裡則採取包辦制，凡經費覆蓋之不及，只能由部隊長用合法與不合法，合理與不合理的手段對付。一般情形設立官兵消費合作社，用軍用卡車經商。各部隊在城市裡設有的通訊處與留守處，即是堆棧與分店。更不肖的軍官則盜賣軍械、販賣鴉片。而結果很多部隊裡的士兵仍是衣不蔽體，醫藥設備也若有若無。

他已將上述情形，寫入書刊，在各地發表。即是他的職位低，未親身參加各種經營事項，他仍在出席台灣與大陸的歷史學會時，提出他當排長的情景：「 半似乞丐，半似土匪。 」

揭穿這黑幕的目的何在？難道他以此驕傲？

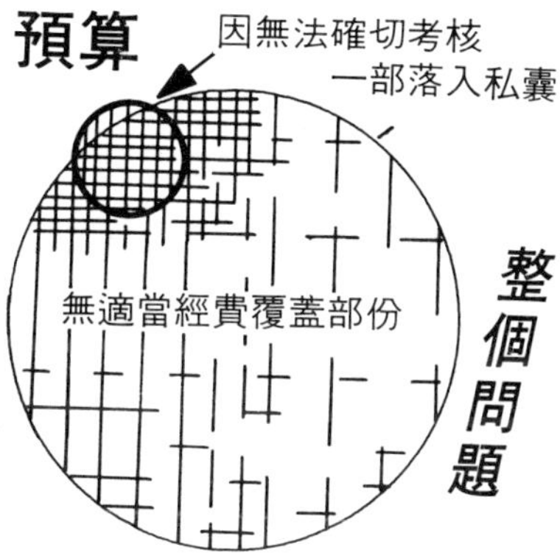

他覺得既然全部檢討歷史，則不應隱匿當中重要的環節。值得注意的則是當日中樞無力作更好的安撫，只得睜一隻眼閉一隻眼。可是一旦黑幕揭穿，則仍要對各部隊長繩之以法，以保全統帥權之完整。其他引用軍法判案時也大致如此。也談不上公平與不公平。一言以蔽之，此即不能在數目字上管理的常態。

重慶當日之傳聞，則是中樞不知有此黑幕；甚至領導人不明當時物價。

難道他們眞是如此之昏黯愚蠢？

最近他才抄得一段歷史資料，原文如次：

> 公務員生活窮困萬狀。妻室以產育無錢多謀墮胎者。有

醫藥無費，貧病亦深者。華僑在粵，有鬻賣子女過活者。河南災區餓殍載道，犬獸食屍，其慘狀更不忍聞。天乎！若不使倭寇從速滅亡，或再延一、二年，則中國勢難支持。余將不能完成上帝所賦予之使命矣！奈何蒼天上帝，盍速救我危亡乎？（蔣介石日記1943年4月11日）

中國人之抗戰是用這種「艱苦卓絕」和「忍辱負重」的精神拚出來的。爲甚麼不改革，爲甚麼不在內部整頓？（蔣介石日記1943年4月11日）

從以後歷史之發展看來。以當時問題之大，牽涉程度之深，國民黨與蔣介石之作爲，替中國創造一個新的高層，對內杜絕軍閥割據，對外保全獨立自主，即已筋疲力竭，至矣盡矣。如更要派兵增餉，免不得要翻轉社會之低層機構，首先從農民暴動著手。這牽涉上兩種外交政策，兩種政治思想和兩種群衆運動。此兩套作爲既重複連續又相衝突，只能以兩種體制主持。這樣也影現著中國內戰之無可避免。

內戰剛開始時，甚至1927年寧漢分裂時，就使很多中國的家庭拆散，還使不少人感到內心衝突（據他所知國軍第二百師師長熊笑三，內戰時升第五軍長，熊的父親熊觀丁即爲共產黨員，任《新華日報》經理部長。他服務於國軍時五十四軍軍長陳烈，十四師參謀長梁鐵豹，駐印軍特派員盛岳均曾爲共產黨員）。況且今日距內戰又逾四十年，此時還攻擊彼此之錯處和弱點，不如欣賞彼此之成就。（例如《中共黨史大事年表》出版於1987年，即稱：「抗日戰爭的勝利，是全國各族人民經過艱苦複雜鬥爭，並付出極大代價獲得的。據估計中國軍民傷亡二千一百萬以上。」接著下去《大事年表》又說共產黨領導的軍隊傷亡六十餘萬，敵後解放區人民傷亡六百餘萬人。那麼其他約一千四百萬的傷亡數，應爲國軍及國軍之人民付出。）其所說「各族人民」，倒不如說各黨派。

再則香港、台北與北京在1920年間，和1990年間已有劃時代之不同。這斷非一人一時一事所留下之成果。也還是「經過艱苦複雜鬥爭，並付出極大代價獲得的」。如此看來盧梭與黑格爾所提倡「公衆之志願」的觀念不可磨滅。雖然艱苦複雜，中國人父以子繼，仍將一個陳舊的社會向前推進三百年。中共的成就乃是在執政的初三十年內，向農民低價購入糧食，也以低價配給城市人口（也可算是高價，視你如何著眼），以壓低兩方之工資，於是不待外援，存積資本六千億元（可能在美金二千億至三千億之間）。自1979年之後又創造了一部相當堅強的鄉鎮工業。這都是以前之所無，也不失爲劃時代之壯舉。所以大陸民衆的犧牲，並未白費。

這樣一來，他覺得今日中國人還用資本主義與社會主義對壘爭執，已無必要。技術上之資本主義（有別於意識型態上之資本主義）的先決條件，無非造成一個可以在數目字上管理的局面。社會主義不能違背同樣的要求。其不同也只有程度上的差異。一方面仍依賴私人資本爲主體，使私人資本在公衆生活中佔特殊之比重；另一方面則以社會的力量加以節制。迄今世界上已無「純粹的」資本主義之國家。即美國之司法立法行政，有時仍不乏社會主義的精神。

中國要走入完全用數目字上管理的境界，勢必在下端釐定各人之權利與義務，則私人資本與外來資本更不可少。

爲甚麼在這時候還要鼓吹意識型態上的資本主義？爲甚麼還不趁此機會重新修訂歷史？

中國過去一個世紀之所經歷，既包含著極大規模之顛簸，也有無數的縱橫曲折。不僅人與人之關係間產生了各種驚險離奇之波瀾，尙且在各人心目中引起無限塊壘之起伏。要是文藝家和藝術家確切的掌握到當中激昂憂怨的情節，必會創作很多令人腸斷魂迴的讀物，和看來膽戰心驚的藝術作品。而斷不至像今日一樣，只有互相埋怨與自我憐惜的書籍應市。可是現在我們到國外各重要圖書館看到歷史書架上，有甚麼資料供人啓發？仍是幾十年來的專家。他們動輒將一個龐大的題材分割爲無數枝節。有的則恣意批評也不顧及背景上之時間與層次。於是「貪汙無能」、「迷信軍事力量」，和「放棄群衆，不知改革」種種罪名，說時也不費力，即可信口開河隨意拋出。好像中國人聚全國之精英經營數十年，尙有門前一攤穢水，始終未曾看及，倒有一個外國研究生，寫成一篇博士論文，才指點過來。另一派人物對中共的看法，始終未脫離冷戰時的觀點。這樣與時代脫節的歷史觀，對外國的讀者亦爲不利。今日美國總統及國務卿與國會山莊提出中國問題時，每次意見相左，也仍是緣於缺乏歷史之共識。

中國走上全面用數字管理之途徑後，亞洲其他國家必有相當反應。看來他們也必根據內在的情形，經過一段掙扎，才能組織就緒。可是刻下我們還只能瞎猜。要是自己的立場尙未看清，如何斷定人家的出處？要是對本世紀業已發生的事情尙無具體的交代，還不敢承認它們在歷史上的長期的合理性，如何奢言對付下一個世紀的未來世界？

所以他說：「歡迎修訂我的歷史觀。請向前修訂，不要向後修訂。」

近代中國的出路

84.04.1700

中華民國八十四年四月初版

定價：新臺幣160元

著　　者　黃　仁　宇
執行編輯　吳　興　文
發 行 人　劉　國　瑞

出 版 者　聯經出版事業公司
臺北市忠孝東路四段555號
電　　話：7627429・3620308
郵撥電話：6 4 1 8 6 6 2
郵政劃撥帳戶第0100559-3號
印刷者　世和印製企業有限公司

行政院新聞局出版事業登記證局版臺業字第0130號

ISBN　957-08-1355-5(平裝)

國立中央圖書館出版品預行編目資料

近代中國的出路/黃仁宇著．--初版．
--臺北市：聯經，民84
面；　公分
ISBN　957-08-1355-5(平裝)

I．中國 - 歷史 - 近代(1600-　)

627.6　　84002832